AMPLIFICADOR DE NEGÓCIOS

Descubra como a sua
inteligência pode aproveitar
os melhores recursos disponíveis

José Motta Lopes

bAmpli.com

José Motta Lopes

AMPLIFICADOR DE NEGÓCIOS

1ª Edição – 2017
José Motta da Rocha Lopes
Rio de Janeiro

bAmpli.com

Capa: Ricardo Bergara

Revisão 1.2

AGRADECIMENTOS

Este livro amadureceu por vinte anos. Nos Anos 90, ao final dos workshops sobre a Teoria das Restrições, os alunos se aproximavam perguntando: o que mais você tem a oferecer sobre esse assunto? Além da consultoria, muito pouco, respondia eu desolado. Naquela época, a tarefa de desenvolver um sistema de informação customizado demandaria enorme volume de recursos, seriam necessários muitos homem.hora. As ferramentas de software eram rudimentares e os micros parrudos eram caros, comparando-se com o que temos hoje. Agora os micros estão ótimos e o conhecimento intensivo impulsiona os sistemas abertos. Agradeço aos que continuaram me lembrando sobre a pergunta, cobrando uma resposta.

Passou-se o tempo, o passo foi dado e o livro ficou pronto! Agradeço ao meu irmão Ricardo Motta Lopes pelo apoio e incentivo a esta empreitada. Agradeço também à revisão qualificada, realizada por Rosaura Morais, Marcelo Rangel e meu filho Tiago, questionando e alertando sobre pontos importantes a considerar. Agradeço também ao Ricardo Bergara pela arte da capa.

Índice

Quem decide, pode errar.
Quem não decide, já errou.
Herbert von Karajan

Introdução

Este livro foi escrito pensando em todos aqueles que precisam tomar decisões em seu ambiente de trabalho. Uma empresa é uma organização vista tradicionalmente como um conjunto de operações individuais, onde cada um tem a obrigação de otimizar o setor sob sua responsabilidade. Contudo, o objetivo de todos deveria ser progredir contínua e coletivamente na direção do ótimo global.

Um processo de melhora contínua é sempre um processo bem sucedido de mudanças contínuas. Sabemos o quanto é difícil gerir, discutir, implantar e medir o impacto de uma mudança nos objetivos da empresa. Como estabelecer um processo profissional e sistemático de mudança contínua? Como saber se a modificação proposta irá realmente aprimorar o processo ou fará as coisas parecerem melhores de um determinado ângulo, piorando o conjunto?

Respondendo a questões vitais como estas, pensadores de todo o mundo vem desenvolvendo filosofias de administração que permitem extrair ao máximo a capacidade do homem em trabalhar em grupo, com inteligência e sabedoria, superando suas limitações naturais.

De que forma a inteligência do homem tem melhor aproveitado nossos recursos disponíveis? É o que a leitura a seguir espera proporcionar.

1

JOSÉ MOTTA LOPES

ANOS 20: O ponto de partida é a invenção da fábrica

Henry Ford inventou a fábrica de sonhos que atingiu em cheio as famílias da classe média norte-americana, ávidas na compra de seu primeiro carro. Com qualidade e preço imbatíveis, o Ford Modelo T mostrou ao mundo como impulsionar o volume de produção industrial. A nova concepção de fábrica se baseava em uma linha de produção que movimentava o material entre postos fixos, onde os trabalhadores realizavam tarefas específicas de montagem. Até que produtos finalmente emergissem no final da linha de produção, foi preciso idealizar e executar uma profunda transformação na produção industrial da época.

Enquanto inventava a fábrica da era moderna, Henry Ford não sabia se o homem se adaptaria bem ao trabalho repetitivo, sendo obrigado a fazer, sempre da mesma maneira, uma tarefa única o tempo todo. Ele mesmo se julgava criativo demais e incapaz de trabalhar em posições de produção. Em 1922, no livro "My Life and Work", se dizia aterrorizado, só de pensar na ideia. A escalada de carreira dos funcionários iniciava na classe C e evoluía para classes B e A. Além disso, mentes criativas iriam construir as ferramentas e supervisionar a produção, ou seja, passavam a inventar a fábrica junto com ele. Como tudo era novo, havia profunda carência de artistas na indústria e nos métodos industriais, tanto do ponto de vista do produtor quando do produto. Muito ainda seria inventado e reinventado nos anos que se seguiriam mas o passo conceitual estava dado.

Não só nos filmes de Chaplin havia a preocupação que o trabalho repetitivo pudesse, de alguma forma, fazer mal ao trabalhador. Muitas investigações foram realizadas para assegurar que a utilização do mesmo conjunto de músculos por oito horas não iria causar sequelas ao corpo humano. Em janeiro de 1914, foi instituída a política de não se recusar trabalhadores por conta da condição física, exceto doenças contagiosas. Segundo relato do próprio Henry Ford, os treinamentos para tornar o empregado proficiente durava um dia em 43% dos casos; para 42% poderia durar até duas semanas; em 14% poderia durar de um mês até um ano; com 1% se gastaria de 1 a 6 anos. Hoje em dia, os postos de trabalho exigem muito mais conhecimento intensivo.

Na era do Modelo T, a administração da fábrica da Ford levava em conta UMA fábrica e UM produto sendo produzido. As contas eram relativamente simples: somavam-se as despesas, dividia-se pela quantidade de carros produzidos e tinha-se o custo unitário do produto. Somava-se o lucro que remunerava os investimentos e obtinha-se o preço do produto. Melhor que isso, a fábrica se reinventava a cada dia e otimizava os custos de produção, resultando em uma espiral virtuosa.

Contabilidade de Custos

A General Motors, principal concorrente da Ford, não tinha capital para travar uma guerra de preços. Não seria assim que ela iria desbancar o Modelo T do topo do mercado.

A forma encontrada, sob o comando de Alfred Sloan, foi oferecer não carros mais baratos, mas uma maior variedade de carros com melhor qualidade.

4

Ele apostou que uma boa parcela dos consumidores iria gostar de ter uma opção, além do transporte básico, quando fosse trocar seu primeiro carro. O competente staff da GM também chegou à conclusão que a "melhor qualidade" não deveria se traduzir em soluções de engenharia complexa. Na época, as inovações técnicas eram caras, exigiam longo tempo de desenvolvimento e traziam resultados imprevisíveis, ou seja, eram difíceis de amortizar.

Decisão tomada, em 1923 um Chevrolet com tecnologia de 9 anos ganhou inovações estéticas que lhe davam aparência de um carro de luxo artesanal. O sucesso de vendas mostrou a direção que mais tarde iria inspirar a integração de marcas como Pontiac, Oldsmobile, Buick e Cadillac em um esquema de peças compartilhadas e uma pintura laqueada que unia cores variadas e tempo de secagem tão rápido quanto da tinta preta da Ford. Focando no estilo dos automóveis, as vendas da GM suplantaram as da Ford em 1927, quando o Modelo T foi descontinuado por causa das vendas pífias. A partir daí, a GM se manteria na frente praticamente o tempo todo.

No entanto, para viabilizar a estratégia de oferecer carros com modelos e cores variadas, a GM teve que rever os cálculos da administração da fábrica. Continuava-se tendo UMA fábrica mas agora ela produzia VÁRIOS produtos. Não dava para apenas somar despesas e dividir pela quantidade de carros produzidos para obter o custo do produto. Seria necessário adicionar algo a mais na administração que permitisse tratar diversos modelos, montados a partir de peças compartilhadas. Complicou!

Para modelar UMA empresa que produzia VÁRIOS produtos, passou-se a contabilizar cada produto em separado. Essa separação exigia que se identificasse e agrupasse os lançamentos contábeis de receitas e despesas, de acordo com a combinação modelo/cor de produto. A receita da empresa era obtida somando-se as Vendas de cada Produto. Para se obter o Lucro da empresa, subtraia-se dessa receita os custos de Matéria Prima, os custos com Mão de Obra e do Overhead que incluía os demais custos fixos da empresa. Estava criada a Contabilidade de Custos e a equação do lucro líquido da empresa ficou assim:

INDICADORES DA EMPRESA

$$L = (VP - MP - MO) - OH$$

L	Lucro Líquido
VP	Venda de Produto
MP	Matéria Prima
MO	Mão de Obra
OH	Overhead

Como os trabalhadores ganhavam por produção no início do século, a fórmula do lucro tinha três termos proporcionais à produção, ou seja, variáveis: a receita de Venda de Produtos, os custos de Matéria Prima e da Mão de Obra. Como na fábrica original da Ford, apenas o Overhead computava os custos fixos da empresa.

Guerras distorcem a CC

A Contabilidade de Custos (CC) foi ferramenta vital na exploração do ponto fraco do Ford Modelo T. Foi vital também em todo o restante do século XX, equipando cada empresa e sendo difundida mundialmente. A Contabilidade de Custos gerenciou e venceu desafios em duas guerras mundiais, sendo utilizada até os dias de hoje por gerentes, investidores, árbitros do mercado e de toda a civilização empresarial organizada.

Na década de 20, os trabalhadores ganhavam por peça produzida. Isso significa que Matéria Prima e Mão de Obra eram contabilizadas como custo variável, ou seja, a maior parte das despesas era proporcional à produção. Mais tarde, nos Anos 40, os trabalhadores passariam a receber salário fixo, independente da produção. A partir daí, a Mão de Obra passou a ser contabilizada como custo fixo. Atualizando as contas, o Lucro da empresa ficou assim:

$$L = (VP - MP) - (MO + OH)$$

Na fórmula atualizada do Lucro, somente a receita da Venda de Produtos e os custos da Matéria Prima são proporcionais à produção. Quanto mais se vende a produção da empresa, maiores são esses valores. Sem produção e vendas, ambos são zero.

A Mão de Obra e o Overhead somados representam a Despesa Operacional da empresa, intimamente associada à sua existência. Se a empresa tem capacidade ociosa e a produção aumenta, a Despesa Operacional não aumenta. Contudo, se a produção da empresa diminui, ou mesmo sem produzir nada, os custos de Mão de Obra e Overhead continuam lá, firmes e fortes.

Medida #1 é Redução de Custos

Analisando a fórmula do Lucro, constata-se que praticamente todos os seus termos são custos, exceto a Venda de Produtos. Os custos representam também a grande maioria dos lançamentos contábeis da empresa. Por todas as partes do mundo, em boa parte do século XX, a redução de custos foi o fator principal que influenciou a decisão de investidores e gerentes, visando aumentar o Lucro da empresa. Redução de custos era considerada a Medida #1, pois a Contabilidade de Custos ditava as regras de gerenciamento das empresas.

Além do Lucro, a Contabilidade de Custos sempre tentou extrair outros indicadores que permitissem avaliar a performance da empresa e de seus respectivos produtos. Contudo, veja no gráfico abaixo que os fundamentos da Contabilidade de Custos foram sendo abalados pelo tempo.

Contabilidade de Custos
Fundamentos abalados pelo tempo

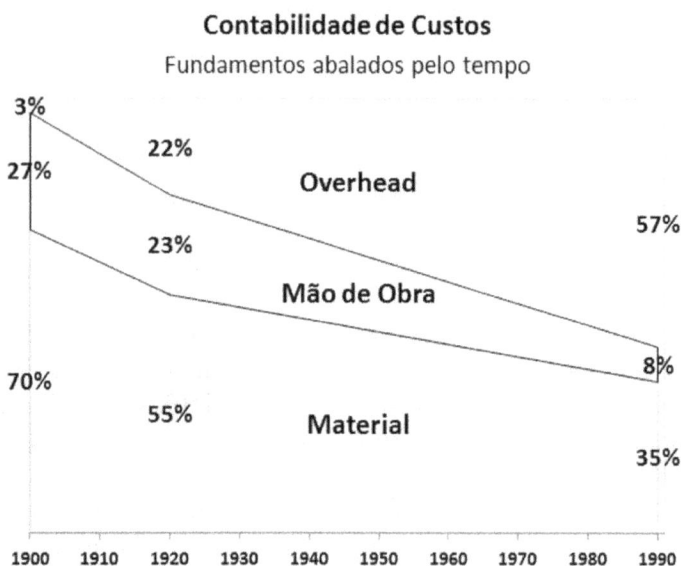

3%
27%
22%
Overhead
57%
23%
Mão de Obra
70%
55%
8%
Material
35%

1900   1910   1920   1930   1940   1950   1960   1970   1980   1990

Fonte: Workshop Goldratt Institute.

A Mão de Obra passou para o lado dos custos fixos na década de 40. O Overhead saltou de 3% do total em 1900 para chegar a 60% dos custos no final do século.

8

Com tanta variação, como os gerentes iriam medir a performance dos produtos? Como decidiriam a quantidade a ser fabricada de cada produto para maximizar o lucro da empresa? Por muito tempo, procurou-se uma fórmula ideal que representasse o "custo do produto". Seria possível criar uma medida imaginária mágica, que orientasse gerentes e investidores nas suas análises e decisões?

Durante praticamente todo o século XX, especialistas em Contabilidade de Custos tentaram distribuir o custo fixo da empresa entre cada um dos seus produtos. Com isso, surgiram critérios diversos que tentaram criar medidas fictícias para representar o "custo do produto". A grande dificuldade é que os critérios eram, a todo momento, atropelados pela realidade dos fatos.

Muito tempo se passou até todos se convencerem que não há sentido em se falar de custo ou lucro de um produto. A empresa sim, tem Lucro.

JOSÉ MOTTA LOPES

ANOS 50: Deming introduz o SPC no Japão

O professor norte-americano William Edwards Deming, engenheiro eletrônico com doutorado em matemática, foi responsável pela análise estatística do censo dos Estados Unidos de 1939. Trabalhou no Departamento de Agricultura, onde conheceu Walter A. Shewhart, considerado o pai do Controle Estatístico do Processo (SPC). Suas ideias teriam grande influência na futura teoria de administração que seria formulada por Deming.

Durante a Segunda Guerra Mundial, Deming aplicava seus conhecimentos de estatística à melhoria da produção dos EUA, ensinando controle estatístico de processo para trabalhadores. Apesar do relativo sucesso, em alguns anos esses métodos cairiam em desuso. Em 1945, as bombas atômicas jogadas sobre Hiroshima e Nagasaki precipitaram a rendição do Japão às forças aliadas e estava assim encerrada a Segunda Guerra Mundial. Em 1947, as Forças Aliadas ocupavam o Japão, e o governo americano chamou Deming para auxiliar no censo japonês. Seu envolvimento com a sociedade japonesa acabou gerando um convite da União dos Engenheiros e Cientistas do Japão (JUSE). Eles haviam estudado os conceitos de Shewhart e precisavam de um professor de estatística para coordenar seminários e palestras sobre controle de qualidade.

Em 1950, Deming treinou centenas de engenheiros, gerentes e estudantes japoneses. A mensagem de Deming a todos era que melhorar a qualidade iria diminuir despesas, aumentar a produtividade e abrir novos mercados para os produtos. As indústrias japonesas aplicaram suas técnicas e presenciaram volumes de produção jamais vistos. Deming se recusou a receber royalties pelo seu trabalho mas as melhorias na qualidade, combinadas com a redução dos custos, criaram inédita demanda internacional para os produtos japoneses.

Prêmios nacionais de qualidade foram instituídos pela primeira vez no mundo em 1951, quando o Prêmio Deming de Qualidade, criado no Japão, teve grande influência no desenvolvimento e gerenciamento de empresas japonesas. Nos Estados Unidos, em 1956, Deming recebeu a Medalha Shewhart da Sociedade Americana de Controle de Qualidade. Somente em 1959 seria criado o primeiro prêmio norte americano: a medalha Edward.

A contribuição de Deming foi tão significativa que o Imperador do Japão conferiu-lhe a Medalha da Segunda Ordem do Tesouro Sagrado em 1960. Na década de 80, Deming voltou a ser homenageado nos Estados Unidos, com títulos de doutor honoris causa e prêmios com seu nome. Em 1987, foi criado nos Estados Unidos o Prêmio Malcom Baldrige, baseado nos critérios atuais que caracterizam a gestão da qualidade. A partir de 1995, o Prêmio Deming japonês deixa de existir, para dar lugar a um Prêmio Mundial.

Apesar das tentativas iniciais de Deming em convencer a indústria norte americana nos Anos 40, a indústria ocidental só voltaria a dar a devida atenção ao tema muito depois, na década de 80. Foi preciso que um programa da NBC perguntasse "Se o Japão consegue... Por que nós não conseguimos?", para que uma avalanche de recursos humanos e financeiros inundasse o mercado de consultoria, com especialistas internos e externos formando equipes na busca de uma disciplina de melhoria de processos industriais. Era urgente recuperar o tempo perdido e introduzir o Controle Estatístico de Processo (SPC), o *Just in Time* (JIT) e a Manutenção Produtiva Total (TPM), todas técnicas originadas na indústria oriental.

Os princípios de Deming na volta à America

De volta aos Estados Unidos, Deming continuou com seu negócio de consultoria e concluiu que a filosofia da administração norte-americana teria que mudar, para evitar o declínio que já se verificava na indústria. Ele então passou a se dedicar a explicar as transformações que deveriam ocorrer para se inverter essa tendência.

Enfatizava que a transformação só poderia ser realizada pelo homem, não pelas máquinas. Não bastariam apenas os melhores esforços de cada um para se melhorar a qualidade e a produtividade. A dedicação individual, apesar de essencial, não levaria ao sucesso e sim ao caos, com dispersão de conhecimento e de esforços. Era preciso que fosse realizado um trabalho em equipe, orientado por líderes, com conhecimento fundamentado em princípios. Esses princípios já haviam sido usados com sucesso no Japão nos Anos 50 e poderiam ser aplicados, sem distinção, em organizações de todos os portes, tanto na indústria quanto nos serviços. No clássico livro "Out of the Crisis", ele apresenta os 14 princípios para transformar a administração ocidental.

Na edição brasileira, intitulada "Qualidade: A revolução da Administração", as orelhas escritas por Noel Phillips, CEO da Autolatina e Edson Musa da Rhodia, ressaltam a importância das transformações ocorridas na década de 80 nas empresas em que trabalhavam. Musa cita: "em fins de 85 percebi que era necessário repensar os Caminhos Gerenciais de nossa empresa ... surgiu o contato com Deming e sua filosofia gerencial. Compreendemos então a futilidade dos objetivos numéricos, o prejuízo gerado pelas avaliações anuais de desempenho e, fundamentalmente, o que mais nos marcou, foi a compreensão profunda de que sem melhorar os processos não se fazem melhorias de caráter permanente que não tenham consequências, às vezes desastrosas, em locais não visados". Já Phillips declara com convicção que "alguns dos 14 pontos do Dr. Deming são uma surpresa e contrários ao que é praticado pela maioria das companhias ocidentais".

Controle Estatístico de Processos (SPC)

Mundialmente conhecido pela sigla SPC (Statistical Process Control), o Controle Estatístico de Processo foi implantado no ocidente muito depois dos países orientais. Os japoneses tinham saído na frente desde 1950, melhorando insumos e estabelecendo relações de longo prazo com seus fornecedores, baseadas em lealdade e confiança. Desta forma, os fornecedores se tornavam sócios do negócio, oferecendo qualidade sempre melhor, economia sempre maior e todos saíam ganhando.

Do lado ocidental, a incerteza sobre qualidade e pontualidade levava à contratação de dois ou três fornecedores, na esperança que um deles atendesse às expectativas. A essa altura, as empresas japonesas já tinham aderido em massa ao sistema de entregas em cima da hora, chamado de *Just in Time* (JIT). Ganhavam tempo, pois cada fornecedor levava as peças diretamente para o respectivo posto de trabalho da linha de montagem de seu cliente. Não havia necessidade de inspeção nem de contagem do material, diminuindo os estoques e o espaço ocupado no chão de fábrica. A obsessão pelo controle da qualidade fez com que índices de 1% de rejeitos e refugos fossem regularmente mantidos. A disciplina do JIT mantinha o processo sob controle, com qualidade, quantidade e regularidade previsíveis.

A Toyota, inventora do *Just in Time*, comprava de fornecedores contratados em torno de 75% de suas necessidade de peças estampadas. O restante era produzido internamente na montadora. Já nos Estados Unidos, na mesma época, ocorria justamente o inverso, ou seja, apenas 25% do valor das peças eram comprados de fornecedores. Havia bastante dificuldade em justificar as mudanças propostas por Deming, pois a nova filosofia de administração exigiria treinamento, ou seja, investimentos em educação que não seriam computados no patrimônio líquido tangível das empresas. Havia uma resistência geral ao conhecimento, apesar dos avanços exigirem conhecimento intensivo. Como introduzir novos conceitos, se havia desconfiança quanto à sua eficácia? Quanto custariam? Quando haveria retorno? Qual o destino daqueles que tentassem embarcar na viagem?

A transformação exigiria trabalho de equipe das empresas ocidentais, mas seus métodos de avaliação eram individuais. Aqueles que trabalhavam ajudando os outros poderiam pagar caro, ao ter sua própria produção prejudicada. Critérios equivocados de avaliação de desempenho causavam baixa no espírito de equipe, fomento da rivalidade, desmotivação, frustração, depressão e incapacidade para o trabalho. Eram reações naturais ao resultado de avaliações que atribuíam aos membros de um grupo diferenças devidas ao sistema em que trabalhavam.

A tentativa de motivação das pessoas recompensava aqueles que se saíam bem dentro do sistema. Contudo, não recompensava as tentativas de se melhorar o sistema. A deterioração do trabalho em equipe exacerbava personalidades individuais, prejudicando a empresa. Como exigir a cooperação entre áreas diferentes se a aspiração de todos não era servir à empresa e sim obter uma boa avaliação? Os administradores e seus subordinados deveriam trabalhar pelo progresso da empresa.

A Contabilidade de Custos, aliada até então na tomada de decisões, passava a ser um elemento de resistência às transformações. As claras vantagens de se ter um estoque reduzido não animava o pessoal de fabricação e de vendas, pois os gerentes temiam a falta de peças e preferiam ter mais estoque à mão. Vendas poderiam ser perdidas, caso o cliente não pudesse esperar. Para negociar melhores descontos, os compradores eram incentivados a comprar grandes quantidades de matéria prima. Quotas individuais de produção, originadas nos custos contábeis, eram incompatíveis com a **melhora contínua** ou **kaizen**, conceito tão fundamental da cultura japonesa que é expresso apenas em uma palavra.

Deming alertava para os problemas decorrentes da influência excessiva da Contabilidade de Custos e tratava-os como doenças mortais. No fechamento dos trimestres, distorções nos balanços incentivavam lucros a curto prazo, obrigando administradores a despachar tudo, em detrimento da qualidade. Da mesma forma, despesas de material e equipamentos eram prorrogadas e cortes em educação e treinamento engordavam os dividendos trimestrais. Por outro lado, as empresas japonesas não pareciam obrigadas a maximizar seus lucros artificialmente para beneficiar os acionistas. Grandes negócios eram dirigidos primariamente para os empregados e uma vez que eles eram beneficiados, em detrimento dos lucros, a confiança entre a administração e a mão de obra surgia naturalmente. Agindo dessa forma, as empresas orientais se tornavam líderes mundiais em suas categorias, oferecendo bons produtos. Com isso, os lucros passavam a ser uma decorrência natural.

Cartas de Controle

Tendo o consumidor como elo principal da linha de produção, Deming revolucionou as rotinas de inspeção em massa, ineficazes e dispendiosas na época. Afirmava que simples inspeções rotineiras não melhoravam, incorporavam ou garantiam a qualidade do produto. Boa ou má, a qualidade já se encontrava no produto, enfatizava ele. Em contrapartida, sugeria que fossem inspecionadas pequenas amostras do produto, utilizando cartas de controle que proporcionavam a clientes e fornecedores uma linguagem comum, baseada em controle estatístico.

Deming estabeleceu alicerces para as medições, utilizando **definições operacionais**. Ensinadas na época em faculdades de letras e filosofia mas quase nunca em escolas de administração ou de engenharia, a definição operacional confere significado comunicável a um conceito. Adjetivos como bom, confiável, quente, liso, seguro ou inseguro, não tem significado comunicável, até que sejam expressos em termos operacionais de amostragem, teste e critério. Pode-se especificar grandezas físicas, como peso, diâmetro, cor, pressão, temperatura, entre outras. Pode-se também referir à performance, por exemplo, velocidade abaixo de 60 Km/h. É fundamental que a definição operacional tenha significado unânime no mercado. Precisa ser estável e resistir ao tempo, nada impedindo que seja revista e atualizada. Conceitos definidos em termos estatísticos incluem amostragens, cálculo e interpretação de estimativas, além de margens de incerteza.

Ao introduzir a estatística nas fábricas, inspirado nos conceitos de Shewhart, Deming ajudou a determinar se a origem dos problemas da produção estavam em Causas Comuns ou em Causas Especiais. Isto foi determinante para a melhora contínua dos processos industriais, pois orientava a administração na mudança dos sistemas, em vez de ficar em círculos, procurando por culpados das quebras e falhas na produção. Para mostrar a diferença, Deming explicava que um processo estável, sem indicação de causa especial de variação, é considerado **sob controle estatístico**. É um processo cujas variações são aleatórias mas no entanto, seu comportamento no futuro próximo é previsível.

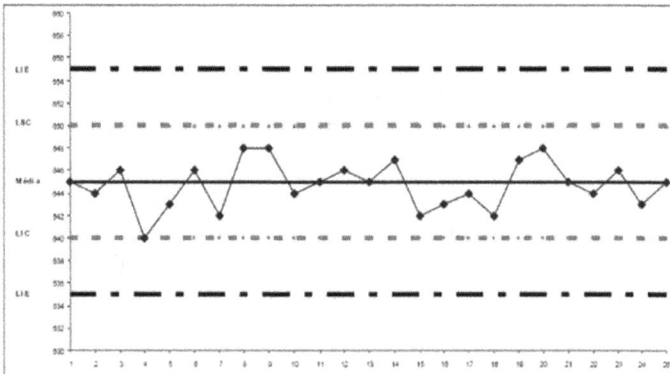

Fonte: Utilização do Ciclo PDCA para Análise em Processo Logístico. Joana França de Alencar.

Veja acima uma típica **Carta de Controle**, onde amostras da medida situam-se entre limites seguros, indicando processo normal. Cada eventual falha é detectada através de uma sequência de amostras fora dos limites. Dispara-se o alarme, viabiliza-se a correção e a qualidade volta ao processo rapidamente.

Nada impede que uma mudança brusca tire o processo do controle estatístico. Se uma causa especial surge, ela deve ser identificada, tratada e removida. À medida que as causas especiais óbvias vão sendo, uma a uma, detectadas e eliminadas, a qualidade vai se estabilizando.

Chega-se então a um nível estável de qualidade, como no gráfico anterior, na presença de causas comuns apenas. Mas se eventualmente essa qualidade ainda não é aceitável, o que fazer? Focar na eliminação do sobe e desce das variações de um sistema estável pode piorar a situação, criando variações adicionais perturbadoras. Nesse ponto, a única solução é a melhora do processo, responsabilidade exclusiva da administração.

As causas de falhas oriundas do sistema são portanto chamadas Causas Comuns e as causas de falhas advindas de eventos passageiros são chamadas Causas Especiais. A maioria dos problemas está nos sistemas, dizia Deming, são de responsabilidade da administração.

O Processo de Deming

O plano de ação de Deming previa iniciativas da administração para transformar a empresa. Para implantar a nova filosofia, realizavam-se seminários envolvendo um número significativo de pessoas. Elas deveriam tomar conhecimento da necessidade da transformação e do envolvimento de todos nos seus princípios.

Segundo Deming, toda atividade e toda tarefa constituiria parte de um processo. O **Processo** seria dividido em etapas, o trabalho ingressaria em uma determinada etapa, mudaria de estado e prosseguiria, tendo como cliente a etapa seguinte. A etapa final seria destinada ao usuário, comprador do produto ou serviço. A cada etapa haveria produção, ou seja, algo aconteceria no ativo que ingressasse na etapa, acarretando sua saída em um estado diferente.

A definição de Processo, forjada por Deming duas guerras mundiais após a versão original da fábrica de Ford, incorpora a estatística às ferramentas de trabalho. Com isso, a empresa é a única responsável pela criação e desenvolvimento de um Processo que atenda aos seguintes requisitos e regras:

PROCESSO

Etapa 1 ▶ **Etapa 2** ▶ ... ▶ **Consumidor**

1. O Processo é dividido em Etapas;
2. O trabalho ingressa em uma Etapa, muda de estado e prossegue, tendo como cliente a Etapa seguinte.
3. A cada Etapa há produção, ou seja, algo acontece no conjunto de ativos que ingressam em uma Etapa, acarretando sua saída em estado diferente.
4. Cada Etapa incorpora melhora contínua de métodos e procedimentos, visando satisfazer Etapas seguintes.
5. Cada Etapa coopera com a seguinte e com a precedente, buscando otimização.
6. As Etapas estabelecem relações de confiança a longo prazo, do tipo: é isto que posso fazer por você, eis o que você pode fazer por mim.

7. A Etapa final é destinada ao Consumidor, comprador do produto ou serviço.
8. As Etapas trabalham em conjunto, visando a qualidade e satisfação do Consumidor.
9. O Consumidor é o elo principal da linha de produção.

A divisão em Etapas é projetada e executada de acordo com as habilidades e o fluxo de trabalho necessários ao Processo.

A regra quatro inclui o conceito introduzido por Deming em que as Etapas participam de um processo de melhora contínua, ou *kaizen*. Para isso, entre outras responsabilidades, e contando com auxílio do SPC, a administração deverá estabelecer definições operacionais relativas ao Processo, realizar amostragens, medições e eventualmente construir cartas de controle que avaliem a qualidade da produção.

Manutenção Produtiva Total (TPM)

"Em seguida à Segunda Guerra Mundial, os setores industriais Japoneses tomaram emprestado e modificaram as habilidades e técnicas de gerenciamento e fabricação dos Estados Unidos".

Assim definiu Seiichi Nakajima a cooperação nipo-americana, no segundo capítulo do seu livro "Introduction to TPM". Até hoje o mundo todo comemora este memorável esforço de recuperação pós-guerra, em que o ótimo global foi buscado de forma tão objetiva.

Nakajima estudou a manutenção preventiva (PM) dos Estados Unidos em 1950. Passou duas décadas visitando indústrias da América e da Europa, observando os sistemas PM ocidentais. Baseado nessas observações, ele desenvolveu a Manutenção Produtiva Total (TPM) e lançou-a no Japão em 1971. Nessa época, somente a manutenção preventiva era usada no Japão. Na década de 80, ela foi sendo substituída pela manutenção preditiva, que usava técnicas de monitoramento e análise para diagnosticar a condição de equipamentos durante a operação, identificando sinais de deterioração ou falha iminente.

A TPM consiste de um programa sistemático, com previsão de três anos para desenvolvimento e implementação na empresa. Aborda a manutenção otimizando a eficácia dos equipamentos, eliminando quebras de produção e promovendo melhora da qualidade dos produtos, através de atividades do dia a dia da força de trabalho. No final dos Anos 80, cento e dezesseis plantas industriais já haviam implantado TPM com sucesso. Sessenta por cento delas eram empresas do grupo Toyota e seus fornecedores, demonstrando a estreita relação entre TPM e a produção *Just in Time*. O TPM se propõe a:

1. **Maximizar a eficácia dos equipamentos**: envolve a eliminação completa de falhas e defeitos dos equipamentos, eliminando as perdas e desperdícios associadas à operação dos equipamentos;
2. **Manutenção autônoma pelos operadores**: envolve os operadores nas atividades de manutenção, embora haja resistência sindical em alguns países;
3. **Atividades de pequenos grupos**: a empresa promove atividades no dia a dia da força de trabalho.

Originada na indústria automobilística, a TPM se expandiu para semicondutores, alimentos, produtos farmacêuticos, papel, impressão, cimento, cerâmica, petroquímica e refinarias de petróleo, entre outras.

Performance Global da Empresa

A TPM consolida as falhas e desperdícios em uma abordagem criativa, utilizando o tempo como elo comum de ligação. Assim, define-se **Jornada de Trabalho** como o tempo total que a empresa funciona. No caso de um hospital ou usina de energia, por exemplo, seria de sete dias por semana, vinte quatro horas por dia.

A partir daí, iremos descontando o tempo gasto com falhas e desperdícios, criando índices que irão sinalizar, de forma seletiva, problemas de performance das máquinas e equipamentos, de quebras de operação e de defeito nos produtos.

Manutenção Produtiva Total (TPM)

Jornada de Trabalho		
Tempo Disponível		Parada
Tempo Operacional		Quebra
Tempo Produtivo	Queda	
Tempo Zero Defeito	Retrabalho	

Fonte: Introduction to TPM. Seiichi Nakajima.

Começamos com a Jornada de Trabalho e extraímos o Tempo de Parada, que vem a ser o tempo que máquinas ou equipamentos falharam, impedindo a produção de ocorrer. Ao tempo restante, ou seja, quando as máquinas e equipamentos estão funcionando, dá-se o nome de Tempo Disponível. Veja no diagrama a seguir que o índice do tempo disponível (itd) equivale ao Tempo Disponível dividido pela Jornada de Trabalho.

Tempo Disponível

tj	Jornada de Trabalho			
td	Disponível			pp
to	Operacional		qp	
tp	Produtivo		qv	
tz	Zero Defeito	rt		

$$itd = \frac{td}{tj}$$

$$ipp = \frac{pp}{tj}$$

Do Tempo Disponível subtrai-se agora o Tempo de Quebra da produção, que representa os desperdícios operacionais, por falta de pessoal ou falha na operação. O tempo restante é batizado de Tempo Operacional. Obtém-se o índice do tempo operacional (ito), dividindo-se o Tempo Operacional pelo Tempo Disponível.

Tempo Operacional

tj	Jornada de Trabalho			
td	Disponível			pp
to	Operacional		qp	
tp	Produtivo		qv	
tz	Zero Defeito	rt		

$$ito = \frac{to}{td}$$

$$iqp = \frac{qp}{td}$$

A Velocidade Operacional indica quão perto se chegou do ciclo teórico da produção. Veja que é calculado o ciclo efetivo, dividindo-se o Tempo Produtivo pelo número de produtos produzidos. Depois divide-se o ciclo teórico pelo ciclo efetivo, para obter o índice da Velocidade Operacional (ivo).

Velocidade Operacional

tj	Jornada de Trabalho		
td	Disponível		pp
to	Operacional		qp
tp	**Produtivo**	**qv**	
tz	Zero Defeito	rt	

Ciclo Teórico ct

Ciclo Efetivo $ce = \dfrac{tp}{np}$

Velocidade Operacional $ivo = \dfrac{ct}{ce}$

No cálculo do índice da Performance Operacional (ipo) abaixo, multiplica-se o índice do Tempo Produtivo pela Velocidade Operacional. No numerador substitui-se o Tempo Produtivo pela quantidade total de produtos multiplicado pelo ciclo efetivo. Com isso, extraímos do Tempo Operacional o Tempo de Queda, que representa a perda de velocidade operacional da produção. Ao tempo restante, dá-se o nome de Tempo Produtivo.

Performance Operacional

tj	Jornada de Trabalho		
td	Disponível		pp
to	Operacional		qp
tp	Produtivo	**qv**	
tz	Zero Defeito	rt	

$ipo = itp * ivo$

$= \dfrac{np * ce}{to} * \dfrac{ct}{ce}$

$= \dfrac{np * ct}{to}$

Por fim, desconta-se do Tempo Produtivo o tempo gasto com Retrabalho de produtos defeituosos, para se chegar ao índice do Tempo Zero Defeito (itz). Nesse tempo, o sistema da produção funcionou cem por cento, sem paradas, sem quebras, nem defeitos, nem retrabalho para consertá-los.

Produtos Aprovados

tj	Jornada de Trabalho		
td	Disponível		pp
to	Operacional		qp
tp	Produtivo		qv
tz	Zero Defeito	rt	

$$itz = \frac{tz}{tp}$$

$$irt = \frac{rt}{tp}$$

Finalmente chega-se à Performance Global da empresa, multiplicando-se os quatro índices do Tempo Disponível, Tempo Operacional, Performance Operacional e Zero Defeito. Veja a seguir a equação que resulta no índice da Performance Global (ipg).

PERFORMANCE GLOBAL

ipg = itd * ito * ipo * itz

É bem interessante este indicador da performance global da empresa, cujos índices intermediários proporcionam uma análise seletiva e detalhada das fontes de problemas. De forma magistral, a TPM transformou o tempo em uma ferramenta para suporte à decisão que reúne conceitos tão diversos como máquinas parando, mão de obra desperdiçada e peças defeituosas. Segue resumo dos índices TPM:

- **Índice do Tempo Disponível (itd)**: equivale ao Tempo Disponível dividido pela Jornada de Trabalho, ou seja, é a parcela do tempo que máquinas e equipamentos não falham e a produção pode ocorrer.
- **Índice do Tempo Operacional (ito)**: equivale ao Tempo Operacional dividido pelo Tempo Disponível. Considera a parcela do tempo sem quebra na produção, por falta de pessoal ou falha na operação.

- **Índice da Performance Operacional (ipo)**: equivale à multiplicação da Velocidade Operacional pelo Índice do Tempo Produtivo, refletindo as perdas de velocidade operacional da produção.

- **Índice do Zero Defeito (itz)**: equivale ao Tempo Zero Defeito, em que produziu só produtos perfeitos, dividido pelo Tempo Produtivo, ou seja, representa a parcela do tempo isenta de retrabalho em produtos defeituosos.

- **Índice da Performance Global (ipg)**: equivale à multiplicação dos quatro índices acima, correspondendo à performance global da Etapa, considerando os problemas causados por eventuais falhas e desperdícios a que o Processo está sujeito.

Para esclarecimento das fórmulas, segue a representação gráfica dos contadores de produção, incluindo o total de produtos produzidos e os que foram efetivamente despachados para os clientes.

Contadores de Produção

np	
nz	nt
	nr	ns
ne	

np produzidos
nz zero defeito
nt retrabalhados
nr recuperados
ns scratch
ne expedidos

O Processo produz **np** produtos, dos quais **nz** não apresentam defeitos, e **nt** precisam de retrabalho. Destes últimos, **nr** se recuperam e se somam aos **nz** com zero defeito, resultando em **ne** expedidos. Os **ns** sem conserto são reciclados como refugo (*scratch*).

Just in Time (JIT)

A disputa mais interessante entre ocidentais e orientais na segunda metade do século XX não foi a corrida pelo melhor programa de qualidade total ou de manutenção produtiva. O JIT da Toyota fez a diferença ao criar uma nova medida, mais importante que a redução de custos.

Não significa, de forma alguma, que a melhora na qualidade não tenha feito diferença. Mas apesar de Deming ter colocado os orientais pelo menos uma década à frente na corrida pela qualidade, os ocidentais correram atrás e recuperaram o tempo perdido. Nesse assunto não havia discordância do mérito da questão, todos achavam importante melhorar a qualidade.

Mas havia algo mais. Suponha, na década de 70, um vendedor negociando com compradores diferentes, um da Toyota e outro da GM. O vendedor pergunta para cada um:

- Aceitas aumentar dez vezes o teu pedido de matéria prima? Em troca, te dou um bom desconto.

O que cada um responderia? Eu aposto que o norte-americano diria que sim e o japonês diria que não.

Qual dos dois teria razão? Que medidas seriam usadas por cada gerente? Em que eles se baseariam para decidir? Quais os princípios por trás de cada decisão? Essa seria uma questão filosófica? Uma questão de princípios?

Por um lado, aumentar o Lucro através da redução de custos era um princípio bem conhecido. O mundo todo sabia, todos concordavam em não desperdiçar, e muitos cortavam custos para valer. Porque pagar mais caro por cada peça? Não seria melhor ceder ao vendedor, aumentar o pedido e obter um bom desconto na matéria prima? Com isso, o custo unitário da peça seria menor e, mantido o preço de venda, haveria mais Lucro. Com capacidade ociosa, daria até para manter o Lucro e reduzir o preço de venda, conquistando assim mais mercado.

Na GM daquela época, a redução de custo era a Medida #1, pois a Contabilidade de Custos ditava as regras de gerenciamento da empresa. Por isso, o sistema da Contabilidade de Custos influenciava a GM a optar pela redução de custos.

Medida #1 é Retorno do Investimento

Na Toyota não era assim, a Medida #1, que orientava as decisões dos gerentes, era o **Retorno do Investimento**.

O comprador japonês não tinha dúvidas, pois os princípios filosóficos que criaram o *Just in Time* optavam por otimizar o Investimento, mesmo que para isso fosse preciso gastar mais. Esse era o princípio prioritário seguido pelos gerentes japoneses.

Na Toyota, a redução de custos era considerada a Medida #2. Na verdade, o aumento dos custos protegia os investimentos, os processos eram projetados assim. Os fornecedores da produção JIT podiam fazer diversas viagens de entrega ao cliente no mesmo dia. Já um gerente educado pela Contabilidade de Custos não concordaria com isso e tentaria concentrar tudo em uma só entrega.

Essa foi a verdadeira disputa da época, acelerando o progresso do lado vencedor.

Com o *Just in Time*, a tomada de decisão dos administradores era influenciada pelo princípio que estabelecia o Retorno do Investimento como Medida #1. Com isso, a redução de Custos foi rebaixada para Medida #2 em importância. Isso significava dar prioridade para redução dos Investimentos, mesmo que fosse necessário aumentar os Custos.

Além do Lucro, os indicadores da empresa ganharam mais uma equação e ficaram assim:

INDICADORES DA EMPRESA

$$RI = L / I$$

$$L = (VP - MP) - (MO + OH)$$

RI	Retorno do Investimento
I	Investimento
L	Lucro Líquido
VP	Venda de Produto
MP	Matéria Prima
MO	Mão de Obra
OH	Overhead

Revendo as equações, vemos que o aumento do Lucro ainda é desejado, pois melhora ambas as medidas. Mas repare que a redução do Investimento só aumenta o Retorno do Investimento.

Veja a seguir a escalada de competitividade industrial da segunda metade do século XX, que mostra o domínio ocidental sistematicamente perdendo terreno para a indústria oriental em diversas áreas do mercado.

A partir da década de 70, enquanto os japoneses da Toyota evoluíam o *Just in Time* a todo vapor, empresas ocidentais preferiam insistir na Contabilidade de Custos, buscando sofisticadas correlações entre custos fixos, produtos e o processo.

Criado na Universidade de Harvard nos Anos 80, o método de gerenciamento ABC tentou, em vão, solucionar as imprecisões contábeis que atribuíam custo aos produtos.

Competitividade Industrial

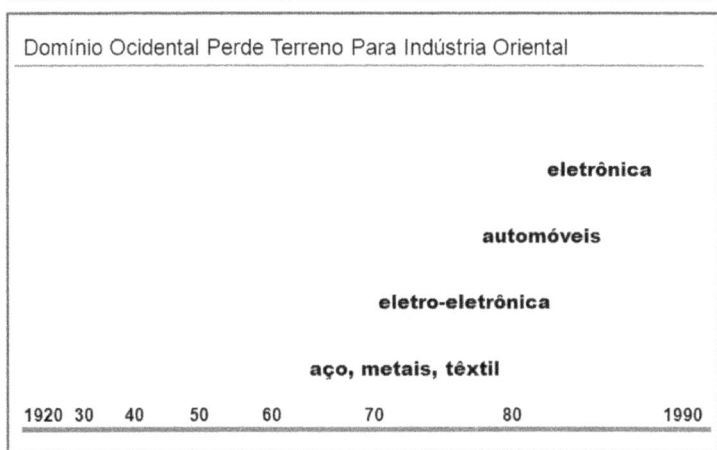

Domínio Ocidental Perde Terreno Para Indústria Oriental

eletrônica

automóveis

eletro-eletrônica

aço, metais, têxtil

1920 30   40   50   60   70   80   1990

Fonte: The Race. Eli Goldratt e Jeff Fox. (adaptado pelo autor)

Até os ocidentais se darem conta que o Retorno do Investimento era uma medida mais importante que a Redução de Custos, os orientais já tinham obtido uma vantagem competitiva considerável no final da década de 80.

A consequência disso é que dada uma mesma situação, decisões completamente opostas eram tomadas por gerentes de um lado e do outro do mundo. Cada investidor e cada gerente eram unânimes na convicção que estavam administrando melhor o seu negócio.

Para quem ainda tem dúvidas sobre a pergunta anterior do vendedor e sobre qual comprador tinha razão, veja no quadro a seguir a evolução da indústria no século XX. Constata-se que a partir da década de 70, o **Ciclo de Vida** dos produtos reduziu drasticamente de vários anos para alguns meses, exatamente em função do surgimento da produção *Just in Time.* Assim, em condições normais, descontos não justificariam estoque desnecessário de matéria prima, pois havia o risco de competidores lançarem novos produtos que encalhariam nossas vendas futuras.

Evolução da Indústria no Século XX

	1920 40 50	60	70	80	1990
Defeitos	10%		<10%	<1%	ppm
Ciclo de Vida	décadas		vários anos	poucos anos	meses
Máquinas	convencional		CN	célula automática	planta automática
Logística	manual	MRP	JIT	MRP II	manufatura sincronizada
Giros Inventário		2-5		5-20	30-80 >100

Fonte: The Race. Eli Goldratt e Jeff Fox (adaptado pelo autor)

Se não temos vendas, para que precisaríamos de matéria prima? Enquanto o ciclo de vida dos produtos caía, a indústria oriental ganhava mercado, lançando novidades atrás de novidades. Os relógios, antes passados de pai para filho, passaram a ser trocados com a muda de roupas.

Outros reflexos da redução do Investimento são observados nos indicadores de **Giros de Inventário** das empresas, ou seja, a quantidade de vezes que o estoque é renovado ao longo do ano. Em praticamente duas décadas, os indicadores saltaram de um para três dígitos.

As filosofias de administração ocidental e oriental foram tão diferentes em um certo período da história que os resultados só puderam ser medidos na prática, na presença do árbitro mor: o mercado mundial.

A corrida pela filosofia de administração mais eficiente levou as empresas ocidentais a reverem seus planos e corrigir a rota, a partir do final do século XX.

JOSÉ MOTTA LOPES

ANOS 80: A volta por cima ocidental

De 1953 a 1992, apesar de dois choques de petróleo que abalaram o mundo, o Japão alcançou os mais altos índices de crescimento econômico entre os países industrializados. Em 1989, empresas japonesas sacudiram os Estados Unidos, com a compra do Rockefeller Center e da Universal Studios. Em 7 de dezembro de 1991, uma reportagem de Jamari França publicada no Jornal do Brasil relata que:

"... Quarenta e seis anos depois do golpe fatal contra os japoneses, a discussão nos Estados Unidos se concentra numa pergunta. Teremos ganho a guerra? Os japoneses, armados com sua sabedoria milenar, transformaram uma derrota militar numa vitória econômica. Hoje, o Japão acumula um superávit na balança comercial com os Estados Unidos de US$ 45 bilhões. O governo americano, endividado até o pescoço, não poderia pagar seus funcionários este mês se não captasse dinheiro no mercado através da venda de títulos que têm nos japoneses seus principais compradores.

Até o fim do ano, 35 governadores americanos terão feito romaria a Tóquio em busca de investimentos. - Eles vem aqui porque não são bobos. Investimentos significam empregos. Precisamos de dinheiro, abriu o jogo em outubro, ao correspondente do jornal The Washington Post em Tóquio, o governador de Nova York, Mario Cuomo. Americanos xenófobos, como o kaiser da Chrysler, Lee Yacocca, denunciam uma tentativa japonesa de dominar os Estados Unidos aproveitando-se da ideologia americana de livre comércio, impondo seus automóveis, produtos eletrônicos e até mesmo ameaçando controlar a cultura americana através da aquisição de gravadoras , como a ex-CBS, atual Sony e os estúdios da Universal (Matsushita). ..."

Nesta época, eu liderava um projeto que conectava em rede local trezentos microcomputadores em uma fábrica da Divisão Eletrônica da Ford no Brasil. Era uma unidade classificada como *Quality #1*, grau máximo de qualidade conferido pela corporação. Ali eram fabricados diariamente em torno de dezoito mil rádios de automóvel, quase todos exportados para os Estados Unidos, Europa e Japão. O chão de fábrica tinha estações de trabalho distribuídas ao longo de esteiras que transportavam as partes do rádio em operações de montagem, calibragem e testes de funcionamento.

As estações eram automatizadas, o operador retirava o rádio da esteira e acoplava-o a uma base repleta de contatos que injetavam e mediam sinais. Controlada por um micro, a estação acionava um barramento de instrumentação ligado a geradores de sinal, multímetros, osciloscópios e outros instrumentos utilizados na calibração e teste dos rádios. Um software aplicativo auxiliava o operador na automação dos procedimentos.

O projeto de interligar essas estações era desafiador para a época, pois havia trezentas delas no chão de fábrica. Arquiteturas similares já eram usadas pela Ford em outras instalações pelo mundo, com a diferença que as estações eram ligadas a um minicomputador Digital PDP-11. Através de portas seriais, trezentos cabos saíam de um CPD, com piso suspenso e ar refrigerado, circulavam pelo chão de fábrica e chegavam até as estações. Na planta do Brasil, somem o supermini, a sala refrigerada e os

300 cabos. No seu lugar, uma arquitetura em rede, novidade da época, por meio de um cabo coaxial instalado ao longo das esteiras.

O Sistema de Coleta e Análise de Dados era composto por redes locais hierarquicamente interligadas, totalizando 380 micros padrão IBM PC/XT/AT. Em vez do minicomputador, estruturas duais de servidores IBM AT, distribuídas pelo chão de fábrica, realizavam o backup dinâmico dos dados, percorrendo as estações de trabalho e coletando informações para o Controle Estatístico de Processos da planta industrial. Havia tolerância a falhas nos servidores duais, através de mecanismos de deteção, reconfiguração e recuperação automática, em casos de erro. Foi uma incrível experiência conviver uma década no seleto ambiente Ford *Quality #1*.

Um certo dia, no início dos Anos 90, um engenheiro da fábrica comentou a grande repercussão causada pelo livro "A Meta", escrito por Eli Goldratt e Jeff Fox. Sua leitura havia se disseminado rapidamente em unidades da Ford do mundo todo, envolvendo gerentes e até seus familiares. Sabia-se que o livro era uma novela protagonizada por um gerente de fábrica que tentava salvar a todos da ameaça de fechamento. Propunha uma nova filosofia de administração que estava dando excelentes resultados por onde passava! Após ler e reler o livro algumas vezes, eu tive certeza que havia realmente algo de extraordinário acontecendo. Precisava conferir pessoalmente os conceitos que saltavam das entrelinhas daquela novela, pois parecia que um novo roteirista havia surgido no set de filmagem.

Peguei um avião e fui ao Instituto Goldratt em New Haven, área metropolitana de Nova York, para assistir a um workshop conduzido pelo próprio Jeff Fox. As turmas eram pequenas, a sala possuía duas fileiras de mesas em V, com uma dúzia de pessoas sentadas frente a frente.

Eram investidores e gerentes de empresas que já tinham lido o livro e tentavam, como eu, saber mais sobre a nova filosofia. Jeff, no topo do V, começou nos contando que a turma anterior era composta de um grupo de generais do exército americano. Buscando uma referência, ele somou as estrelas da turma. Havia um total de quarenta estrelas nos ombros dos generais e eles queriam saber porque os japoneses estavam comprando Nova York.

Orientado por um eficiente método socrático de ensino, Jeff ia nos fazendo perguntas e transformando as respostas em conversas. De forma lenta e gradual ia nos conduzindo às nossas próprias descobertas. Dessa forma, ele facilitava a transposição das barreiras erguidas por nossa educação e evitava a contaminação pela síndrome do "não-inventado-aqui".

Em virtude do grande interesse que o tema despertava na época, saí de lá disposto a propagar no Brasil os conhecimentos que adquirira. Passei então alguns anos divulgando a "Teoria das Restrições", por meio de workshops nas principais cidades Brasileiras. Encontrei o professor Goldratt pessoalmente em uma palestra no Rio de Janeiro. Estendi para ele o folheto do meu workshop sobre a teoria dele e pedi seu autógrafo. Ele leu, em seguida me olhou surpreso e perguntou: - Qual o tamanho da sua empresa? Pequena, eu respondi. Ele assinou o folheto, sorriu e me mandou ir em frente. Fiquei aliviado, pois não seria justamente ele o gargalo do meu negócio.

A partir de 1984, a Teoria das Restrições foi sendo aplicada em empresas como a Ford, HP, Bausch & Lomb, GE, GM, Xerox, US Air Force e muitas outras que buscavam superar desempenhos mundiais competitivos. Em julho de 1992, Rudolph Hohn, presidente da IBM Brasil, deu uma entrevista à revista Exame, contando que seu livro de cabeceira era o best-seller "A Meta", do americano Eliyahu Goldratt. - Quero entender como funcionarão as organizações no mundo de amanhã, dizia ele.

Em 1993, a IBM Brasil organizou um treinamento intitulado "Executivo 2000", dedicado aos filhos dos executivos de grandes empresas que iriam herdar o negócio dos seus pais. A intenção era apontar-lhes o caminho das pedras, mostrando o estado da arte da administração empresarial. A IBM fez uma chamada geral, convocando consultores a apresentarem suas ideias e eu tive a honra de ser um dos selecionados.

Utilizando o mesmo método socrático pelo qual tinha aprendido, apresentei aos futuros empresários a Teoria das Restrições de Eli Goldratt em evento ocorrido no IBM Gávea, um centro de estudos executivos, localizado em local paradisíaco da Floresta da Tijuca no Rio de Janeiro. Conceitos do antigo mundo dos custos e do novo mundo dos ganhos estavam sendo apresentados. Os futuros executivos é que iriam decidir o caminho a seguir.

Teoria das Restrições (TOC)

No final do século XX, o progresso da indústria oriental exercia uma pressão sem precedentes sobre as empresas ocidentais, forçando-as a melhorar dramaticamente os serviços que prestavam a seus clientes. Era urgente adotar uma nova filosofia com potencial de promover melhorias substanciais na administração da empresa, na era da cobiçada

JOSÉ MOTTA LOPES

melhora contínua ou *kaizen.* Isso exigiria da empresa um sistema de informação que orientasse o processo de tomada de decisão de seus gerentes.

Contudo, as empresas focadas nos custos estavam frequentemente afogadas em oceanos de dados, reclamando da falta de informações. Foi então que surgiu a Teoria das Restrições (TOC - Theory of Constraints), criada pelo físico Eliyahu Goldratt. Assim como Deming, Goldratt dedicou grande parte de seu esforço educador para alertar o mundo das más influências da Contabilidade de Custos. Para dar espaço às novas teorias de administração, os dogmas do mundo dos custos deveriam ser antes eliminados. A tônica era desconstruir os modelos ultrapassados, repetindo *ad nauseam* os alertas contra a Contabilidade de Custos. Outros livros, incluindo "The Race", "Theory of Constraints" e "The Haystack Syndrome", se destacam na bibliografia de Goldratt, citando distorções causadas pelo mundo dos custos e sugerindo as respectivas alternativas do recém criado mundo dos ganhos.

Na época, havia séria e justificada preocupação, pois todos sabiam que copiar simplesmente as técnicas de fabricação dos produtos japoneses não seria suficiente para alcançá-los. Deming mencionava isso e Goldratt costumava desenhar uma curva exponencial crescente, representando a performance da indústria japonesa e seu respectivo crescimento. Depois, fazia uma cópia exata da curva, deslocando-a um pouco mais para a direita. A cópia seria a indústria que tentasse reproduzir o seu maior concorrente, porém com um certo retardo, pois iria levar algum tempo estudando e implementando a cópia.

A figura a seguir, que reproduz essa situação,

mostra a distância para o concorrente aumentando com o tempo, mesmo a empresa captando e copiando as técnicas do concorrente com regularidade e precisão.

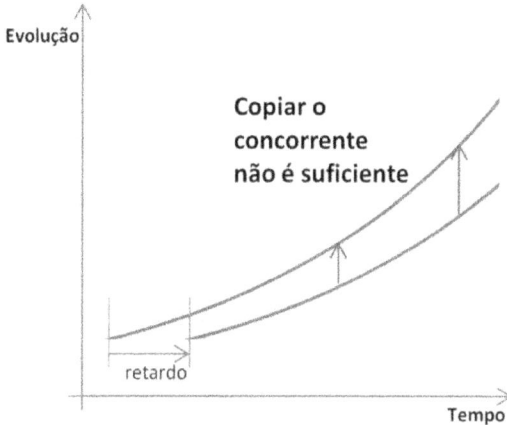

Na época, isso significava a obrigação da indústria ocidental em não só igualar, mas superar o crescimento dos concorrentes japoneses. Alcançá-los parecia ser um desafio muito difícil, quase impossível.

Medida #1 é o Ganho

Goldratt, no entanto, utilizava a fórmula do Lucro para convencer a todos que a administração do mundo dos custos era muito dependente de informações. Todos os termos da equação são custos, exceto a Venda de Produtos, insistia ele. A quantidade de lançamentos contábeis associada aos custos representa muita informação. Quantas saídas de despesa existem na empresa? Qual despesa cortar, se quase tudo é importante? Mesmo supondo possível reduzir exageradamente todos os custos, o total poderia, no máximo, chegar a zero. Ou seja, a estratégia de redução é limitada pelo simples fato dos

JOSÉ MOTTA LOPES

custos serem finitos. A partir de um certo ponto, vai ficando difícil continuar reduzindo os custos.

Para mudar o paradigma, Goldratt tomou a equação do Lucro e se fixou obsessivamente na análise do termo da **Venda de Produtos**. Esse é o único termo que contribui positivamente com o Lucro, esbravejava ele. Dizia também que, ao contrário dos custos, o volume de vendas não tem limites, ou seja, o céu é o limite. Para completar, a Venda de Produtos tem menos informações contábeis para tratar. Goldratt mencionava alguns indicadores:

INDICADORES FINANCEIROS:

Do mundo dos custos:
- **Retorno do Investimento (RI)**: Equivale ao Lucro Líquido dividido pelo Investimento, conforme a equação a seguir;
- **Lucro Líquido (L)**: Receita da Venda de Produtos menos os custos de Matéria Prima, Mão de Obra e Overhead;
- **Fluxo de Caixa (FC)**: Se a empresa tem caixa, o Fluxo de Caixa não importa tanto. Se a empresa não tem caixa, nada mais importa.

Do mundo dos ganhos:
- **Ganho (G)**: É a taxa na qual o sistema gera dinheiro através de vendas. Equivale à receita da Venda de Produtos menos as despesas com Matérias Primas;
- **Inventário (I)**: É todo o dinheiro que o sistema investe comprando coisas que o sistema pretende vender;
- **Despesa Operacional (DO)**: É todo o dinheiro que o sistema gasta transformando Inventário em Ganho. Equivale à soma da Mão de Obra e do Overhead.

42

As equações a seguir refletem a ponte entre os indicadores do mundo dos custos e do mundo dos ganhos.

INDICADORES DA EMPRESA

$$RI = \frac{L}{I}$$

$$L = (VP - MP) - (MO + OH)$$

$$G = VP - MP$$

$$DO = MO + OH$$

$$L = G - DO$$

$$RI = \frac{G - DO}{I}$$

Mostrada na tabela a seguir, a escala de importância relativa das medidas diferenciava as empresas que viviam no mundo dos custos e as que migraram para o mundo dos ganhos. Na administração dominada pela Contabilidade de Custos, a Despesa Operacional é a Medida #1. O Ganho vem em segundo e o Investimento em terceira e última posição.

ESCALA DE IMPORTÂNCIA DAS MEDIDAS

Ordem	Mundo dos Custos	Mundo dos Ganhos
#1	DO	G
#2	G	I
#3	I	DO

Já na filosofia de administração proposta por Goldratt, a novidade é o Ganho como Medida #1. Os japoneses já tinham ensinado a todos sobre a importância do Investimento em segundo, e no último lugar os custos fixos da empresa, representados pela Despesa Operacional.

O que essa ordem significa? Vimos que na produção *Just in Time*, a redução de Investimentos justificava o aumento dos custos. Esse mesmo compromisso se aplica também ao mundo dos ganhos. Outro compromisso, inédito e exclusivo do mundo dos ganhos, é o de proteger o Ganho, mesmo que para isso seja preciso investir mais ou ter despesas maiores.

A restrição determina a performance

Se o Ganho é a medida mais importante, como aumentar o Ganho? Como podemos pelo menos garantir que ele não diminuirá? Para iniciar o raciocínio, é fundamental observar que o Ganho só acontece quando há uma venda. O que pode facilitar ou impedir uma venda de ocorrer? Considere a definição de processo de Deming, reescrita abaixo:

O processo é dividido em etapas, o trabalho ingressa em uma etapa, muda de estado e prossegue, tendo como cliente a etapa seguinte. A cada etapa há produção, ou seja, algo acontece, acarretando saída diferente, até a etapa final, destinada ao consumidor.

Logo, para que uma venda aconteça, é preciso que o produto passe por todas as etapas do processo. Goldratt constatou que o mundo dos ganhos lidaria com uma cadeia de ações. A performance desta cadeia seria determinada pela resistência do seu elo mais fraco.

A partir daí, surgiu a definição de **Restrição**, que é qualquer coisa que limita um sistema de atingir maior performance em relação à sua meta. Quantos são os elos fracos de uma corrente? Para exemplificar, considere uma fábrica fictícia, onde não há falhas nem desperdícios, ou seja, as máquinas não param, a operação não é interrompida, e os produtos apresentam zero defeito de fabricação.

Qual o volume de produção desta fábrica?

A 4/min — B 2/min — C 12/min — D 6/min

Jornada de Trabalho = 5 dias x 8 horas x 60 min = 2400 min

Como mostra a figura acima, a produção é composta de quatro etapas. A etapa "A" gasta 4 minutos no processamento inicial do produto e transfere-o para a etapa "B" que dura apenas 2 minutos. Em seguida, a etapa "C" leva 12 minutos processando o material, antes de passar para "D", a última etapa do processo que gasta 6 minutos até deixar o produto pronto para ser despachado.

Supondo que a jornada de trabalho da fábrica seja de dois mil e quatrocentos minutos por semana, quantos produtos seriam despachados nesse período? Pense um pouco, antes de olhar a resposta.

Para determinar a capacidade da fábrica, basta calcular quanto tempo leva um produto para fabricado. Seria correto somar o tempo gasto em cada operação e concluir que o produto processa durante 4 minutos na etapa "A", mais 2 na "B" e assim por diante, resultando em 24 minutos de processamento nas quatro etapas?

Esse raciocínio não determina a capacidade da fábrica, pois a linha de produção é uma cadeia de ações em série, funcionando de forma simultânea. Ao ser colocada em funcionamento, a fábrica é capaz de despachar um produto a cada 12 minutos, porque esse é o exato tempo que dura a etapa "C". A capacidade é determinada pela velocidade da etapa mais lenta, ou seja, um produto a cada 12 minutos. Desta forma, a jornada de trabalho de dois mil e quatrocentos minutos produziria duzentos produtos na semana.

Diz-se que a restrição ou gargalo da fábrica, portanto, é a etapa "C". O que acontece, quando se investe na melhora de outra etapa que não seja o gargalo? Haveria retorno do investimento na compra de uma nova máquina para reduzir a etapa "D" em dois minutos? Não, de forma alguma. O Lucro seria o mesmo, pois a produção da fábrica continuaria a ser de duzentas peças por semana. Mas e se utilizarmos esse mesmo investimento para reduzir o tempo da etapa "C" de doze para digamos, dez minutos? Nesse caso, a jornada de trabalho de dois mil e quatrocentos minutos passaria a produzir duzentos e quarenta produtos, ou seja, vinte por cento a mais.

Suponha que o investimento na etapa "C" prosseguisse, de forma que seu tempo caísse pela metade, ou seja, para 5 minutos. Qual seria a produção da fábrica? Veja o diagrama atualizado:

A restrição passou para D!

| A 4/min | B 2/min | C 5/min | D 6/min |

Jornada de Trabalho = 5 dias x 8 horas x 60 min = 2400 min

Repare na figura anterior que os 5 minutos da etapa "C" não restringem mais a produção da fábrica tanto quanto a etapa "D", que leva seis minutos processando o produto. Como resultado do investimento que tornou a etapa "C" mais rápida, a fábrica passou a produzir 400 peças por semana, ou seja, o dobro de antes. A melhora na etapa "C" evoluiu o gargalo, fazendo com que a etapa "D" passasse a ser a nova restrição do processo.

Agora sim faria sentido o investimento mencionado no início, de uma nova máquina para "D". A filosofia do mundo dos ganhos esclarece com precisão o retorno das oportunidades de investimento, além de alertar para pontos críticos do processo que devem receber cuidados especiais.

Processo de Decisão

Qual o procedimento que garante que estamos sempre tentando explorar ao máximo os gargalos?

Além de evoluir e acelerar gargalos que restrinjam a empresa, é fundamental cuidar da restrição existente. A etapa crítica do processo não pode jamais perder a velocidade. Se caísse pela metade a velocidade da etapa "C" na fábrica original, que produzia duzentos produtos por semana, o tempo de processamento aumentaria de 12 para 24 minutos. Com isso, os dois mil e quatrocentos minutos da jornada de trabalho da fábrica produziriam cem produtos, ou seja, a metade também.

É preciso garantir que o gargalo esteja SEMPRE protegido, de forma a não sofrer atrasos ou desperdícios. Como lembrava insistentemente Goldratt, um segundo que se perde no gargalo nunca mais poderá ser recuperado, é um prejuízo para sempre. O processo de decisão dos gerentes do

47

mundo dos ganhos, descrito a seguir, garante a melhora contínua para quem utiliza a Teoria das Restrições:

PROCESSO DE DECISÃO TOC:

1. Identificar a(s) restrição(ões) do sistema;
2. Decidir como explorar a(s) restrição(ões) do sistema;
3. Subornar tudo mais à decisão anterior;
4. Elevar a(s) restrição(ões) do sistema;
5. Se, nos passos anteriores, uma restrição foi quebrada, voltar ao passo 1, sem deixar a inércia causar uma restrição ao sistema.

O terceiro passo talvez seja o mais importante no dia a dia das empresas, principalmente após algumas rodadas de evolução dos gargalos. Sempre haverá uma restrição em qualquer cadeia de ações, é preciso saber conviver com ela e, sob hipótese alguma, deixar atrasar os gargalos do processo.

Fábrica P&Q

Para demonstrar como a Teoria das Restrições pode ajudar na lógica decisória dos gerentes, existe uma fábrica imune às distrações que normalmente levam a culpa pelos maus resultados das empresas. A Fábrica P&Q, exercício realizado nos workshops do Instituto Goldratt e publicado no seu livro "The Haystack Syndrome", não dá margens para desculpas. O portfólio da fábrica fictícia possui apenas dois produtos: P e Q. Utilizando TPM na descrição da Fábrica P&Q, pode-se afirmar que:

- **itd = 1** Os equipamentos da fábrica funcionam sem parar durante todo o tempo da jornada de trabalho, ou seja, o índice do tempo disponível é igual a 1.

- **ito** = **1** Não há qualquer quebra na operação, pois os colaboradores da fábrica são perfeitos, ou seja o índice do tempo operacional vale também 1.

- **ipo** = **1** Na fábrica P&Q não há queda de velocidade na produção, o tempo de troca de ferramentas nas máquinas é zero. Isto tudo representa um índice de performance operacional igual a 1, como os demais.

- **itz** = **1** Nem mesmo há qualquer retrabalho em produtos defeituosos, pois P e Q são fabricados sem defeito, ou seja o índice de zero defeito é igual a 1.

Com isso, como mostra a tabela abaixo, o índice da performance global, calculado pela multiplicação dos quatro índices citados, é igual a 1 também.

Índice	Sigla	Valor
Performance Global	ipg = itd * ito * ipo * itz	1
Tempo Disponível	itd	1
Tempo Operacional	ito	1
Performance Operacional	ipo	1
Zero Defeito	itz	1

Utilizando a semana como unidade, a jornada de trabalho da fábrica é de 2400 minutos por semana. Devido ao ipg unitário, esse tempo é todo utilizado no processo para fabricar P e Q na mais alta qualidade e velocidade possíveis.

Os vendedores não tem dificuldade alguma em movimentar os produtos da Fábrica P&Q, pois o mercado tem potencial de compra para até 100 peças de P e 50 peças de Q por semana. Basta produzir e faturar a venda, o mercado garante a compra dentro das quantidades limites. O preço unitário de venda é pré-ajustado em $90 para P e $100 para Q. Se a produção exceder os limites estipulados pelo mercado, os produtos ficam encalhados.

Quanto aos custos fixos, não há surpresas. A Despesa Operacional da Fábrica P&Q é de $6000 por semana, englobando todas as despesas de Mão de Obra e Overhead. Isso não inclui o custo da Matéria Prima que é proporcional à produção.

A engenharia da Fábrica P&Q apresenta a seguir o processo de fabricação, em um diagrama que mostra os fluxos de produção que resultam na fabricação de P e Q. As matérias primas empregadas no processo são P-Part, RM1, RM2 e RM3, ao custo unitário de respectivamente $5, $20, $20 e $20.

Fábrica P&Q

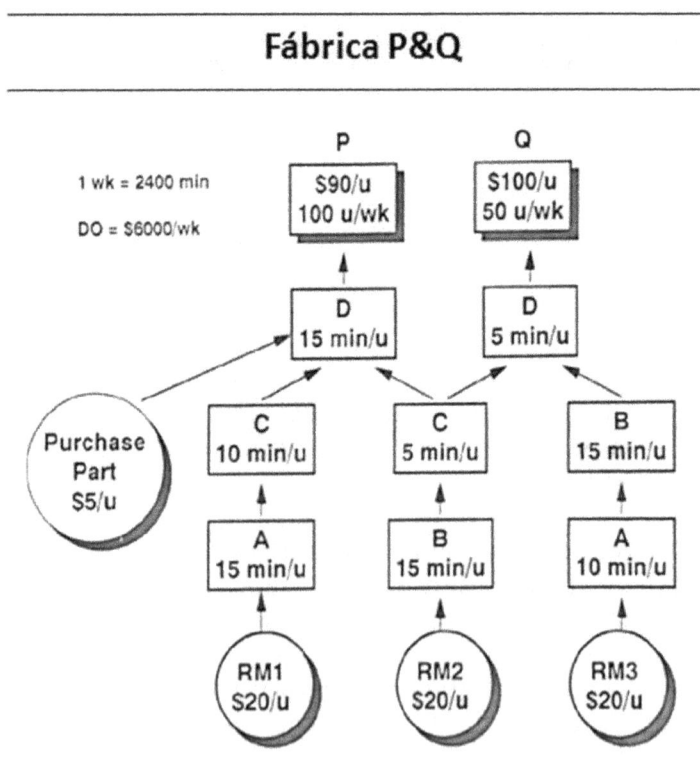

O processo da Fábrica P&Q é composto de quatro Etapas: A, B, C e D, significando que há quatro postos de trabalho com habilidades diferentes no processo.

Conforme indica o diagrama, a matéria prima RM1 entra na Etapa A, leva 15 minutos processando, vai em seguida para a Etapa C por 10 minutos e termina na Etapa D, que realiza a montagem do produto P.

Outro fluxo inicia com RM2 sendo processada na Etapa B por 15 minutos, prosseguindo para a Etapa C por mais 5 minutos e chegando às Etapas D de montagem de P e Q. Repare que o fluxo central é usado tanto na fabricação de P quanto de Q, ou seja, para se fabricar um de cada, é preciso processar duas vezes RM2 através de B e C.

Por último, RM3 passa 10 minutos na Etapa A, em seguida é processado por 15 minutos na Etapa B e vai para a Etapa D de montagem de Q. As Etapas D de montagem de P e Q são processadas em respectivamente 15 e 5 minutos.

Qual o Lucro da Fábrica P&Q?

Qual o Lucro Líquido máximo que a Fábrica P&Q pode ganhar por semana? Raciocine sobre o tempo que cada etapa dispõe para produção de P e Q. Sabe-se que a jornada de trabalho das Etapas é de dois mil e quatrocentos minutos por semana. A resposta segue no próximo parágrafo.

O primeiro impulso seria fazer um cálculo simples, somando os ganhos obtidos com cada produto e diminuindo a despesa operacional. O cálculo do Ganho unitário de P subtrai do Preço de Venda ($90) o custo da Matéria Prima P-Part ($5),

RM1/RM2 ($20 cada), resultando em $45. Multiplicando por 100 peças resulta em $4500. A conta com Q é semelhante, acompanhe a seguir:

L = G(P) + G(Q) – DO
G(P) = ($90 - $5 - $20 - $20) * 100 peças = $45 * 100 = $4500
G(Q) = ($100 - $20 - $20) * 50 peças = $60 * 50 = $3000
L = $4500 + $3000 - $6000 = $1500

Somam-se os Ganhos de P&Q e diminui-se a Despesa Operacional de $6000. Lucro de $1500, certo? Errado.

Conforme o processo de decisão da Teoria das Restrições, o primeiro passo é identificar as restrições do sistema. A partir da previsão de produção de um determinado mix de produtos P e Q, calcula-se as cargas colocadas em cada Etapa e compara-se com a disponibilidade existente de 2400 minutos por semana. A tabela abaixo mostra uma previsão de produção de 100 x P e 50 x Q:

PREVISÃO DE PRODUÇÃO (minutos): 100 x P + 50 x Q

Etapa	P x100	Q x50	Total
A	15 x 100 = 1500	10 x 50 = 500	2000
B	15 x 100 = 1500	30 x 50 = 1500	3000
C	15 x 100 = 1500	5 x 50 = 250	1750
D	15 x 100 = 1500	5 x 50 = 250	1750

Sabe-se que P utiliza 15 minutos da Etapa A, multiplicando por 100 peças resulta em 1500 minutos. Já o produto Q necessita de 10 minutos da Etapa A, que vezes 50 totaliza 500 minutos. Com isso, o mix irá necessitar 2000 minutos da Etapa A, ou seja, menos que a disponibilidade de 2400 minutos por semana.

Refazendo as contas para a Etapa B, o produto P coloca uma carga de 15 minutos, ou seja, 1500 minutos para 100 peças. A carga gerada pelo produto Q é de 30 minutos, em dois trabalhos separados de 15 minutos. Multiplicando por 50 peças, tem-se mais 1500 minutos. Isso resulta na soma de 3000 minutos, que excede a disponibilidade da Etapa B de 2400 minutos, o que caracteriza e identifica uma restrição.

Refazendo as contas para as Etapas C e D, chega-se em ambas a uma carga de 1750 minutos por semana, dentro da disponibilidade existente. Uma restrição foi identificada e a Fábrica P&Q não tem capacidade para atender à demanda do mercado.

Com isso, chegamos ao passo 2 do processo de decisão e devemos decidir como explorar a restrição, ou seja, a Etapa B. Qual o melhor mix de produção? Qual a quantidade de produtos P & Q a oferecer ao mercado? Qual o produto mais lucrativo?

Goldratt chamava a atenção para os critérios utilizados no mundo dos custos que, a princípio, indicariam o produto Q como mais lucrativo:

- o preço unitário de venda de P é $90. No caso de Q é $100, um pouco maior;
- o custo unitário da matéria prima de P é $45. No caso de Q é $40, um pouco menor;
- com isso, o ganho unitário de P é $45, enquanto que o de Q é $60, trinta por cento maior;
- somando a carga unitária das Etapas A/B/C/D resulta 60 minutos para P e 50 minutos para Q.

Seguindo esses critérios, um gerente do mundo dos custos não teria muitas dúvidas em produzir Q's ao máximo. Com isso, seriam alocados 1500 minutos da Etapa B para produzir 50 peças de Q, restando um total de 900 minutos para produção de P. Considerando que a Etapa B processa 15 minutos por peça, a produção de P seria de 60 peças por semana.

A sugestão do mundo dos custos seria alterar o mix de produção da fábrica para 60 x P e 50 x Q. Veja o resultado na tabela a seguir e repare que a Etapa B está ocupada durante toda a jornada de trabalho de 2400 minutos.

PREVISÃO DE PRODUÇÃO (minutos): 60 x P + 50 x Q

Etapa	P x60	Q x50	Total
A	15 x 60 = 900	10 x 50 = 500	1400
B	15 x 60 = 900	30 x 50 = 1500	2400
C	15 x 60 = 900	5 x 50 = 250	1150
D	15 x 60 = 900	5 x 50 = 250	1150

O Lucro Líquido da fábrica seria então calculado, após a decisão de privilegiar o produto Q, com o mix de 60 x P e 50 X Q:

$$L = G(P) + G(Q) - DO$$
$$G(P) = \$45 * 60 = \$2700$$
$$G(Q) = \$60 * 50 = \$3000$$
$$L = \$2700 + \$3000 - \$6000 = -\$300$$

Se operasse dessa forma, a fábrica estaria no vermelho, tendo prejuízo de $300 por semana. Mas repare que a decisão de privilegiar Q levou em conta a "lucratividade do produto", uma distorção criada pelo mundo dos custos. Não passa de uma miragem, disfarçada de ótimo global. Na verdade, só existe o Lucro da empresa.

Raciocinando no mundo dos ganhos, é preciso explorar a restrição ao máximo, ou seja, obter o máximo de dinheiro pelo trabalho do gargalo. Oferecendo Q para o mercado, a fábrica ganha $60 e investe 30 minutos da Etapa B, ou seja, recebe $2/minuto com o gargalo trabalhando. Já com o produto P, a fábrica ganha $45 e investe 15 minutos da Etapa B, recebendo assim $3/minuto pelo trabalho do gargalo.

Qual o melhor produto? A sugestão do mundo dos ganhos é privilegiar o produto P. Com isso, seriam alocados 1500 minutos da Etapa B para produção de 100 peças de P, restando um total de 900 minutos para produzir Q.

Considerando a Etapa B processando 30 minutos por peça, a produção de Q seria de 30 peças. A sugestão do mundo dos ganhos é de alterar o mix de produção da fábrica para 100 x P e 30 x Q. Refazendo a tabela de previsão de produção, tem-se:

PREVISÃO DE PRODUÇÃO (minutos): 100 x P + 30 x Q

Etapa	P x100	Q x30	Total
A	15 x 100 = 1500	10 x 30 = 300	1800
B	15 x 100 = 1500	30 x 30 = 900	2400
C	15 x 100 = 1500	5 x 30 = 150	1650
D	15 x 100 = 1500	5 x 30 = 150	1650

O Lucro Líquido da fábrica é então calculado, após a decisão de privilegiar o produto P, com o mix de 100 x P e 30 x Q:

L = G(P) + G(Q) - DO
G(P) = $45 * 100 = $4500
G(Q) = $60 * 30 = $1800
L = $4500 + $1800 - $6000 = +$300

Agora a fábrica está tendo Lucro Líquido de $300 positivos por semana. Bem melhor! O processo de decisão do mundo dos ganhos conseguiu reverter os resultados ruins que estavam sendo obtidos na Fábrica P&Q e trouxe a cor azul tão desejada para os indicadores financeiros.

E se a fábrica fosse real? E se houver paradas das máquinas, quebras na operação, quedas de velocidade, defeitos, retrabalho? Nesse caso, ipg será menor que 1, e os índices itd, ito, ipo e itz irão apontar as causas prováveis. Problemas amplos, como greves ou falta de energia elétrica, podem afetar praticamente todas as Etapas do Processo. Problemas localizados, como componentes defeituosos, afetariam os índices de uma Etapa apenas. É responsabilidade de cada Etapa informar as suas condições de funcionamento, por exemplo através de cartas que registrem os seus respectivos índices TPM.

E se o mercado fosse real? O gargalo pode estar no mercado! No exercício com vendas garantidas, o gargalo estava dentro da empresa. Era um problema interno, identificado e restrito à Etapa B do Processo. Outro cenário completamente diferente pode ocorrer quando há no mercado oferta de produtos concorrentes em melhores condições, seja por maior qualidade ou menor preço. Se está difícil vender a produção, se altera o Processo para melhorar o preço e/ou a qualidade ou é preciso repensar o negócio. Focar em um nicho de clientes, proporcionando-lhes uma nova e encantadora experiência, é uma solução bastante utilizada hoje em dia. Quando dá certo, a volta de clientes satisfeitos aumenta as vendas e consequentemente o volume de produção. De novo, o gargalo retorna para a empresa, e o ciclo da melhora continua.

ANOS 10: A vida continua

Em 2017, um século após a invenção da fábrica de Henry Ford, não há mais japoneses comprando Nova York. A China é a potência asiática da vez. Atestando a recuperação ocidental iniciada nos Anos 80, declarou o presidente norte-americano Barack Obama em seu discurso de despedida do governo:

"Se eu dissesse a vocês, há oito anos atrás, que a América iria reverter uma grande recessão, recuperar a indústria automobilística e deflagrar a mais longa criação de empregos de nossa história ... vocês diriam que estávamos querendo demais, mas foi o que fizemos. Foi o que vocês fizeram. Vocês são a mudança".

Coincidência ou não, nesse mesmo dia o serviço secreto americano emitiu um relatório da inteligência, alertando sobre o risco de conflito mundial.

"Problemas na economia agravarão o abismo que existe dentro da sociedade e desse vazio surgirão líderes populistas prometendo restaurar a ordem e os empregos. O populismo irá crescer na direita e na esquerda e algumas lideranças vão usar o nacionalismo como forma de dominação. Fluxos migratórios gigantescos resultarão em perda de bem estar social e aumento na competição por empregos que, por sua vez, levarão a mais nacionalismo, mais populismo."

A falta de cooperação internacional traria consequências desastrosas, principalmente agora que as mudanças climáticas se mostram cada vez mais presentes, exigindo de todos o consenso.

O objetivo é o ótimo global

Para tornar realidade o ótimo global, mais do que nunca precisamos das organizações funcionando. E funcionando bem. Organizações são formadas por pessoas e regidas por filosofias que determinam o seu comportamento. Para orientar decisões na direção do ótimo global, precisa-se de um modelo completo e compreensivo de um Sistema de Informação, formado de elementos simples combinados, que expresse as melhores práticas de gerenciamento e administração. O Sistema de Informação para Empresas parte das seguintes premissas:

* Empresas são organizações formadas a partir de investidores, que contratam gerentes para auxiliar na tarefa de administrá-las;
* Os investidores são os únicos responsáveis pela concepção e projeto do Sistema de Informação;
* O desenvolvimento e operação do Sistema de Informação é responsabilidade de investidores e gerentes;
* O Sistema de Informação deve permitir que investidores e gerentes de cada nível da empresa tenham sempre, a qualquer momento, uma visão global da organização e do seu papel na globalização.

Mas não é isso que ocorre hoje em dia. Obviamente, é preciso administrar melhor os conflitos entre os departamentos das empresas, entre as empresas, dentro da máquina dos governos, entre empresas e governos, entre trabalho e capital, entre direita e esquerda, entre ricos e pobres, entre países, entre fronteiras e cidadãos. Um volume gigantesco de capital circula pelo mundo, ganha-se e perde-se muito, não por falta de consultores.

CEOs recebem cifras astronômicas para pilotar empresas por caminhos que conduzam ao sucesso. Comandantes da aviação são responsáveis por decolar aviões com centenas de passageiros a bordo e atravessar oceanos, em meio à eventuais tempestades. Exceto raras exceções, os voos desembarcam todos em segurança. Compare agora com um CEO que tenta manter no alto a competitividade da empresa, resistindo a turbulências do mercado e evitando aterrissagens forçadas para centenas de funcionários.

Por que não há piloto automático para empresas, como o temos para aviões? Turbulências da economia parecem ser hoje fenômenos menos previsíveis e mais difíceis de controlar que rajadas de vento e tempestades sobre os oceanos.

Estaria a economia desistindo de ser uma ciência exata? Quais os reais fatores a considerar na busca ao ótimo global? Qual a direção da verdadeira globalização?

A soma dos ótimos locais quase sempre nos afasta do ótimo global

O Sistema de Informação com as medidas certas deve orientar investidores e gerentes, a qualquer momento, em direção ao ótimo global. Não só apontando a direção correta, mas também ajudando a manter o rumo firme. Somente o ótimo global livra as futuras gerações da beira do abismo sombrio de competições e conflitos.

Para se focar no ótimo global, é preciso evitar os ótimos locais que deturpam ou interferem na percepção da visão global. Ao menor descuido, armadilhas satisfazendo ilógicas combinações de ótimos locais criam miragens do ótimo global. Há de se ter sabedoria e persistência na busca da verdadeira direção da globalização. O mantra a ser repetido muitas vezes é: **a soma dos ótimos locais quase sempre nos afasta do ótimo global.** Ter isso em mente, já é metade do problema resolvido.

Ciclo do Processo

O modelo do Sistema de Informação conseguiu reunir valiosos aliados, até agora, incorporando conceitos originados no SPC, JIT, TPM e TOC, em uma das mais poderosas combinações de ferramentas de apoio à decisão já reunidas na história. Contudo, para auxiliar investidores e gerentes nas tomadas de decisão em direção ao ótimo global, é preciso aprofundar mais as relações entre Etapas, fornecedores e consumidores.

Como dar suporte de primeira classe para as relações de confiança de longo prazo, conforme manda a regra seis da especificação do Processo?

- É isto que posso fazer por você.
- Eis o que você poderia fazer por mim.

Pensando nisso, adiciona-se a décima regra à definição de Processo de Deming, listada a seguir:

10. O Processo é um ciclo fechado que consome produtos da natureza e os transforma em outros produtos da natureza.

Na verdade, essa nova regra não apresenta nenhuma novidade. Matérias primas eventualmente são compradas e dão entrada em um Processo que gera produtos para serem vendidos ao consumidor.

Fechando o desenho do Processo com a Terra, tudo sai da Terra, tudo volta à Terra. Produtos são comprados, tratados, combinados e viram outros produtos para serem vendidos. Se a meta é a globalização, pelo menos surgiu a visão do globo!

No mundo dos ganhos o céu é o limite, e a prioridade é aumentar o Ganho. Como garantir o Ganho hoje e sempre? A teoria ensina que a restrição determina a performance do Processo. Ensina também que devemos cuidar muito bem dela, pois tempo perdido no gargalo é um prejuízo irrecuperável! O que falta para orientar investidores e gerentes a decidir na direção do ótimo global?

O funcionamento das Etapas do Processo não tem um comportamento linear, do tipo que ocorre uma vez e pronto. A sequência de processamento das Etapas se repete sem parar, a cada novo produto! Os ativos sempre dão entrada na Etapa, são processados por algum tempo e vão para a Etapa seguinte. Isso se repete simultaneamente em todas as Etapas do Processo, o tempo todo.

Pode-se dizer que o Processo funciona como um *motor de n tempos* ou um *gerador de n polos*, onde *n* é a quantidade de Etapas do Processo. Cada Etapa contribui individualmente com velocidade e energia próprias para manter o Ciclo do Processo girando. Todas precisam manter o ritmo, um trabalho de equipe, não podem parar.

O tempo gasto pela Etapa mais lenta é que determina a performance do Ciclo do Processo, nesse caso, a velocidade de giro. Giro? O que gira? Veja no diagrama a seguir que produtos e dinheiro percorrem o ciclo em sentidos opostos.

CICLO DO PROCESSO

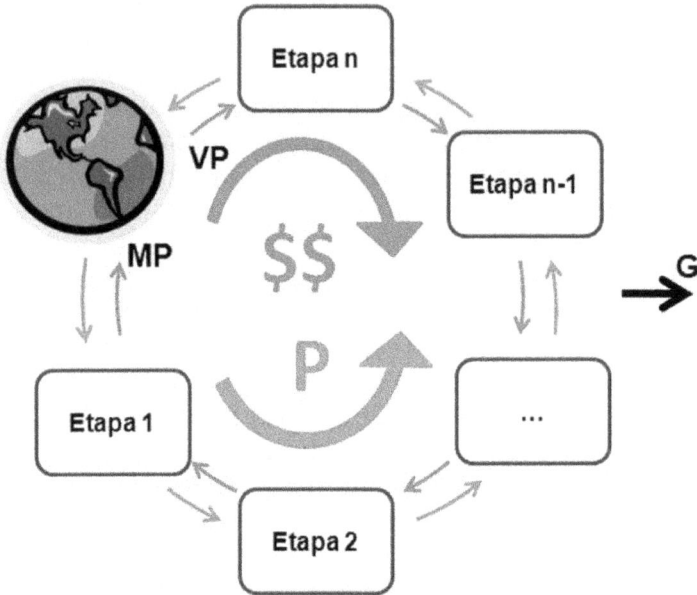

No topo, a primeira seta da Terra para a "Etapa n" indica o dinheiro do mercado consumidor que remunera as Vendas de Produtos (VP). Esse dinheiro é utilizado para pagar Matérias Primas (MP) utilizadas nas Etapas do Processo. O saldo restante é o Ganho (G), que contribui com o Lucro da empresa que investe no Processo.

Por outro lado, as setas que saem da Terra para a Etapa 1 representam os ativos que percorrem a trajetória em sentido oposto. Matérias primas são adquiridas no mercado, dão entrada no Processo e se transformam em produtos que a empresa pretende vender.

As Etapas dependem umas das outras para manter os dois fluxos girando simultaneamente:

- Ativos coletados no mercado sendo transformados em produtos vendidos;

- Dinheiro da venda de produtos ao mercado remunerando os fornecedores.

Estes dois fluxos estão intimamente relacionados, um só acontece com o outro. Sem pagamentos não há matérias primas na produção, sem matérias primas não há pagamentos.

Como explicar as forças que fazem o Ciclo do Processo girar? Voltando ao mecanismo da cadeia de eventos, utilizado na definição da Restrição, constata-se que primeiro é necessário haver demanda para o produto em um determinado mercado. Se isso acontece, basta conceber o Processo. A partir daí, o consumidor mostra porque é o elo principal da linha de produção, como diz a regra nove do Processo de Deming.

Com a "energia vital" liberada pela demanda ao produto, os **consumidores** do mercado fazem o Ciclo do Processo girar. A velocidade de giro é determinada pela restrição do Processo.

Para se enquadrar no Ciclo do Processo, as Etapas não precisam estar necessariamente vinculadas a um mesmo galpão, empresa ou país. Um modelo de canal de vendas, por exemplo, tem distribuidores e revendedores, além da fábrica. O usuário final compra do revendedor que compra do distribuidor que, por sua vez, compra da fábrica. Todos fazem parte de um Processo em que produtos circulam no canal, da fábrica até o usuário final. Os parceiros autorizados captam vendas no mercado, recebem remuneração pelo comércio e serviço de produtos e enviam dinheiro de volta à fábrica.

P&Q Overseas

A Fábrica P&Q do exercício anterior decidiu expandir seus negócios para um país distante. Para isso, fundou e instalou nesse país a empresa P&Q Overseas, com objetivo de promover a venda de produtos P&Q.

A logística da nova empresa verificou que o transporte entre a fábrica e o novo mercado leva doze horas por avião ou trinta dias por mar. O transporte marítimo de contêineres viabilizaria o negócio. O preço do transporte aéreo é bem mais caro e prejudicaria a competitividade de P&Q no novo mercado.

P&Q Overseas

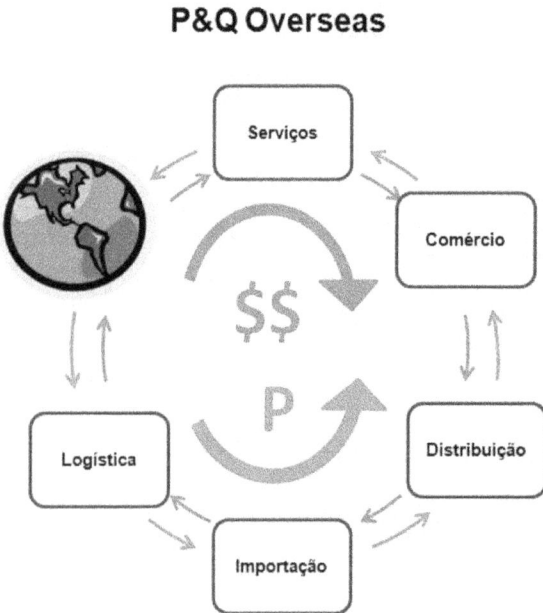

O Ciclo do Processo da P&Q Overseas se inicia na logística que retira um lote de produtos da Fábrica P&Q e transporta-o para o país. Em seguida, como mostrado no diagrama, o embarque passa pela alfândega e cumpre trâmites de importação, tarefa que dura uma semana, tanto via transporte marítimo quanto aéreo. Assim que são desembaraçados na alfândega, os produtos dão entrada no armazém da P&Q Distribuição.

Com o objetivo de incrementar a capilaridade do canal, a distribuidora não irá atuar diretamente com usuários finais. Seus clientes serão os parceiros do canal de distribuição, incluindo sub-distribuidores, lojas, VARs, OEMs e prestadores de serviço. Com isso, o Ciclo do Processo da P&Q Overseas chegará ao usuário final somente através de parceiros autorizados de comércio e serviços.

Como descrever o funcionamento desta rede autorizada de comércio e serviços dos produtos P&Q utilizando os seus respectivos Ciclos dos Processos? Como estes Ciclos estão interligados?

P&Q Distribuição

A princípio, o transporte aéreo tem custo considerado alto. Utilizando contêineres na rota marítima, os embarques levam cinco semanas desde a coleta na fábrica até a liberação alfandegária. Como os clientes não suportam esperar todo esse tempo, a P&Q Distribuição vai investir em estoque suficiente para cinco semanas de vendas.

O diagrama a seguir mostra o Ciclo do Processo a ser utilizado na P&Q Distribuição, onde circulam todas as ordens de compra dos agentes autorizados P&Q no país.

A Etapa de Compras gera periodicamente pedidos à Fábrica P&Q para reposição do estoque. Na falta de uma bola de cristal, a análise das vendas passadas dão uma pista do comportamento do mercado nas próximas cinco semanas. Em função do estoque atual e da previsão de vendas, tenta-se encomendar à fábrica o pedido mínimo necessário para proteger as vendas.

P&Q Distribuição

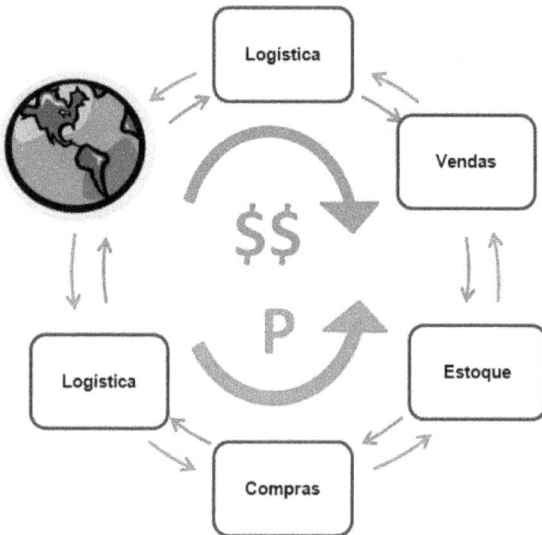

O Ciclo do Processo continua com os embarques recebidos dando entrada no estoque. Atuando de forma independente das Compras, a Etapa de Vendas processa pedidos, retira produtos do estoque e despacha-os através da logística para parceiros autorizados.

O que fazer para acelerar este ciclo por onde circulam todos os produtos P&Q movimentados no país? Não faz parte do negócio da P&Q Overseas investir em pontos de venda ou de assistência técnica no país. Portanto, o sucesso do Canal P&Q vai depender dos parceiros autorizados. A empresa pretende criar parcerias pelo país, nomeando sub-distribuidores, lojas, VARs, OEMs e prestadores de serviço para atuar no canal de vendas dos produtos P&Q. Os parceiros autorizados são remunerados por uma boa comissão de vendas e em contrapartida prestam suporte básico aos produtos. Ações de marketing incentivadas pela fábrica visam aumentar a exposição dos produtos P&Q no país. Um treinamento dedicado ao canal P&Q apresenta os Ciclos de Processo de Comércio e Serviços para os parceiros interessados em alavancar seus respectivos negócios. Esta estratégia pratica no país a filosofia do *"É isto que posso fazer por você. Eis o que você poderia fazer por mim"*.

P&Q Comércio

Como se vê abaixo no Ciclo do Processo da P&Q Comércio, cada comerciante é incentivado a investir em seu estoque próprio, visando agilizar a pronta entrega para usuários e prestadores de serviços da sua região.

P&Q Comércio

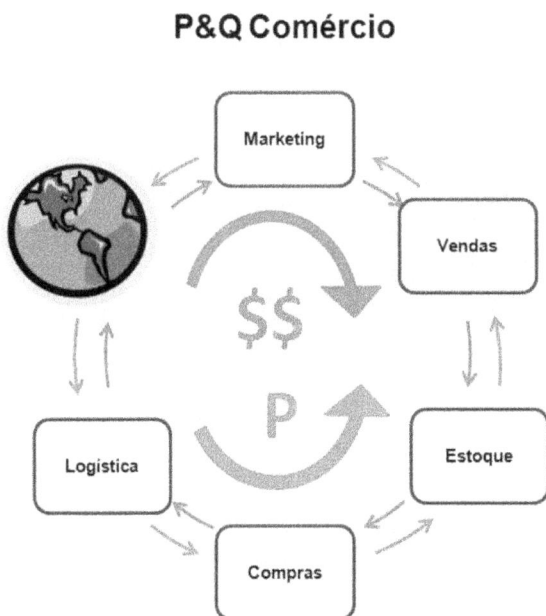

O Ciclo do Processo dos agentes de comércio gira produtos através de ordens de compra e venda e termina no Marketing, que aproxima os usuários finais dos agentes autorizados P&Q. A loja virtual criada pela P&Q Distribuidora pode ser customizada para cada parceiro autorizado, exibindo especificações técnicas dos produtos e uma aplicação de carrinho de compras que aceita pedidos pela Internet. Assim, usuários têm a facilidade de selecionar o ponto de venda ou o serviço de assistência técnica mais próximo de seu trabalho ou residência.

P&Q Serviços

Além de parceiros comerciais, há parceiros especializados em serviços de projeto, instalação, configuração e manutenção dos produtos. Assistências técnicas não precisam de estoque, pois o canal incentiva os profissionais a adquirir produtos em revendas autorizadas próximas.

P&Q Serviços

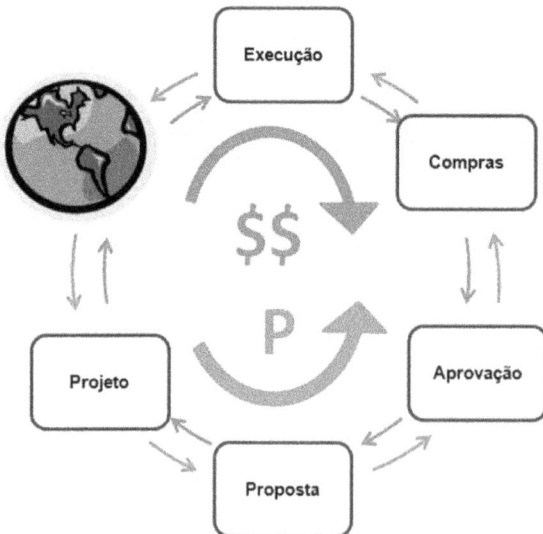

Diferente da P&Q Comércio que trafega ordens de compra, repare que o Ciclo do Processo da P&Q Serviços circula ordens de serviço. O ciclo começa após o cliente entrar em contato solicitando um serviço. Em resposta é enviado ao cliente um projeto inicial com a solução oferecida, acompanhado de uma Proposta de preço, prazo e demais condições de fornecimento.

O passo seguinte é conseguir a Aprovação da Proposta. Daí, o ciclo prossegue com eventuais Compras que se façam necessárias e a Execução da ordem de serviço. O serviço nem precisa incluir comercialização de produtos P&Q, por exemplo, no caso de manutenção ou simples instalação e configuração.

Ciclos interligados

Qual o relacionamento entre o Ciclo do Processo da P&Q Overseas e os Ciclos dos Processos dos parceiros autorizados de Comércio e Serviços? O diagrama da próxima página mostra os três ciclos.

Juntos, uma engrenagem movimenta a outra, os três ciclos atuam como uma só máquina. Cada volta do Ciclo do Processo de uma autorizada P&Q Comércio acelera também o Ciclo de Produção da P&Q Overseas, pois acarreta reposição de estoque, através de pedidos de compra para o distribuidor.

Os ciclos das autorizadas P&Q Serviços fortalecem a base instalada no mercado, deixando clientes e parceiros bastante satisfeitos.

A empresa divulga o lançamento do Canal P&Q no país, que inclui um website com especificações técnicas dos produtos, além de uma loja virtual na Internet. O Canal P&Q inicia a operação movimentando uma centena de SKU (Stock Keeping Unit) entre a fábrica e o país, incluindo produtos, acessórios, opcionais, etc.

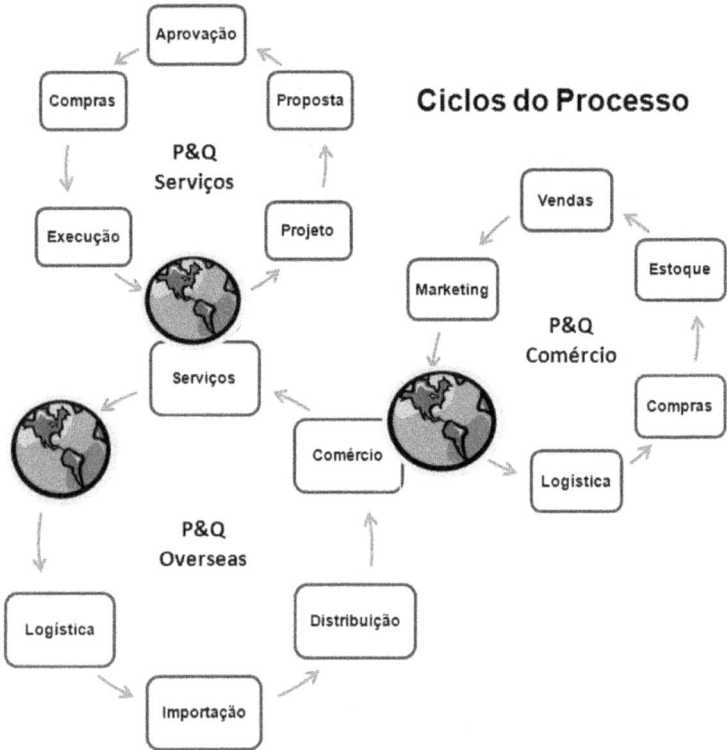

Como os embarques marítimos chegam da fábrica de cinco em cinco semanas, em alguns meses começam a surgir problemas no estoque da P&Q Distribuição. Por um lado, há estoque demais de alguns itens. Em contrapartida, vendas inesperadas zeram outros itens do estoque. Quais as consequências disso?

Ter estoque a mais é ruim porque fere a Medida #2 que manda diminuir o Investimento para aumentar o Retorno do Investimento. Uma saída seria fazer promoção dos itens em excesso.

Ter estoque a menos é pior, pois fere a Medida #1 que manda proteger o Ganho da perda de vendas! Os buracos no estoque podem congelar as vendas de certos itens durante algum tempo. Pior que perder vendas, é perder um cliente. Ainda mais por causa de uma venda perdida. Perde-se o Ganho agora e no futuro.

Para tapar os buracos no estoque da P&Q Distribuição é preciso repor o estoque mais rápido. Poderia uma rota aérea ser utilizada, em caso de buracos no estoque? Pense como você decidiria.

O custo seria maior, é certo, mas em compensação o estoque seria reposto em uma semana. No mundo dos ganhos, é justificada uma despesa maior para proteger as vendas. Com isso, a P&Q Distribuição instalou um alarme de nível baixo no controle de estoque e um embarque aéreo pode eventualmente ser acionado pela Etapa de Compras, repondo os SKU com baixa quantidade no estoque.

Guia de Projetos

Após os buracos do estoque terem sido eliminados, as vendas do Canal P&Q continuaram crescendo. Com os níveis mínimos de estoque ajustados em função do volume de vendas, o embarque aéreo chega sempre antes de algum item zerar.

Os parceiros da P&Q Comércio reportam que estão entusiasmados com seus Ciclos do Processo girando mais rápido. O Ganho está acontecendo mais vezes no mesmo espaço de tempo e com isso, o Lucro deles aumentou!

Contudo, até por conta do sucesso do comércio, os parceiros da P&Q Serviços reclamam que não estão dando conta de atender a todas as solicitações. Apesar de já terem reforçado o pessoal, argumentam que ainda faltam especialistas em projetos e outros serviços.

O mais importante a considerar é que os clientes gostam da inovação da P&Q Serviços, justamente por oferecer especialistas que ajudam na solução de seus problemas. Será difícil alterar isso, pois já no primeiro contato, o especialista ajuda a identificar a melhor solução para o usuário e elabora um projeto. O comercial complementa com uma proposta, envia-a para o usuário e acompanha sua aprovação.

Os gerentes argumentam que os especialistas perdem muito tempo com alguns clientes que ligam várias vezes propondo pequenas alterações ou acabam desistindo de autorizar os serviços, mesmo depois de todo o trabalho de preparação do projeto e da proposta comercial. Além disso, alterações no projeto sempre acarretam uma revisão geral da proposta comercial, ou seja, mais desperdício de mão de obra.

Os investidores e gerentes do Canal P&Q se deparam então com um conflito. Por um lado, o alto salário limita a contratação de mais especialistas. Por outro lado, há clientes que desistem do atendimento, antes mesmo do especialista estar livre.

A direção da P&Q Overseas já notou uma certa estagnação na velocidade do Ciclo do Processo da P&Q Distribuição, por onde passam todos os produtos comercializados no país. Como acelerar o Ciclo do Processo da P&Q Serviços? Só assim o Ciclo da P&Q Overseas irá acelerar também.

Veja a seguir detalhes do Ciclo do Processo da P&Q Serviços que precisa ser otimizado. Repare que a primeira Etapa começa com o interesse do usuário em procurar uma solução para seu problema. Ele consulta a especificação técnica dos produtos no website P&Q, faz sua compra e localiza uma autorizada para solicitar serviços. Iniciando a segunda Etapa, o especialista atende na assistência técnica autorizada, identifica a solução do usuário e cria seu projeto. Na terceira Etapa, o comercial prepara e envia a respectiva proposta comercial e depois acompanha a sua aprovação pelo usuário. A quarta Etapa é por conta do pessoal da operação que realiza os serviços. A quinta e última etapa volta para o usuário que aprova o trabalho e paga a fatura. Veja o Ciclo do Processo completo a seguir.

CICLO DO PROCESSO P&Q SERVIÇOS

- 1. usuário: acessa website para solucionar seu problema
- 1. usuário: escolhe produtos através do website
- 1. usuário: escolhe autorizada para contratar serviços
- 1. usuário: entra em contato com assistência autorizada

- 2. especialista: atende e identifica solução para usuário
- 2. especialista: cria projeto para usuário

- 3. comercial: cota projeto
- 3. comercial: envia projeto/proposta para o usuário
- 3. comercial: confirma aprovação do projeto pelo usuário

- 4. operação: dispara eventuais pedidos de compras
- 4. operação: executa serviços

- 5. usuário: aprova serviços e recebe fatura
- 5. usuário: paga fatura à assistência autorizada

O problema acontece na terceira Etapa quando, em vez de aprovar o projeto e iniciar a operação, o usuário retorna ao especialista propondo uma alteração no projeto. Com isso, o Processo volta para a segunda Etapa. Mas não há nada errado no cliente querer modificar sua compra!

A forma encontrada para resolver o conflito foi criar o Guia de Projetos, um assistente virtual on-line para auxiliar o usuário na elaboração do seu projeto e respectiva proposta. Não há tanta variedade para a maioria das soluções procuradas e a automação aliviará os especialistas, liberando-os para realizar um atendimento mais racional.

O carrinho de compras do website é adaptado para que o Guia de Projetos possa apresentar a proposta comercial on-line, incluindo os serviços. Através do Guia de Projetos, o usuário pode enviar recados/instruções para o especialista e vice-versa, ou seja, é incentivada a troca de informações para dúvidas e eventuais mudanças no projeto. O Guia possui também material educativo para usuários, profissionais e especialistas que queiram aprofundar seus conhecimentos.

O Ciclo do Processo modificado inicia igual, com o usuário acessando o website P&Q. Mas dessa vez, a primeira Etapa tem o novo Guia de Projetos como assistente.

O usuário alimenta o Guia de Projetos com informações e opções customizadas. Pode revisar suas escolhas e fazer mudanças à vontade. Qualquer dúvida, ele se comunica deixando um recado, instruções explícitas ou questionamentos. A Etapa só termina quando o usuário clica na aprovação do projeto. Veja o Ciclo completo a seguir:

CICLO DO PROCESSO COM GUIA DE PROJETOS

- 1. usuário: consulta website e navega no Guia de Projetos
- 1. usuário: alimenta Guia de Projetos com dados customizados
- 1. usuário: escolhe autorizada para serviços
- 1. usuário: revisa on-line projeto e proposta
- 1. usuário: aprova o projeto

- 2. especialista: revisa projeto técnico do usuário

- 3. comercial: revisa projeto comercial do usuário

- 4. operação: dispara eventuais pedidos de compras
- 4. operação: executa serviços

- 5. usuário: aprova serviços e recebe fatura
- 5. usuário: paga fatura à autorizada

A segunda Etapa inicia com o especialista, só que dessa vez o projeto está pronto e não há clientes aguardando ansiosos por atendimento. Ele responde aos projetos com pendências e libera os projetos já aprovados.

O comercial pode interagir também e faz a revisão final, antes da operação assumir. O restante do Ciclo do Processo não sofre alteração.

Além de eliminar gargalos, este exercício mostra como tornar o Ciclo do Processo mais estável, eliminando causas especiais que tiram o Processo do controle estatístico e desperdiçam recursos. Repare que agora as Etapas dois e três, onde atuam o especialista e o comercial, ficaram mais previsíveis e os profissionais podem priorizar os projetos em que irão trabalhar.

O efeito prático do Guia de Projetos, realçado pela seta no diagrama abaixo, mostra a ligação direta estabelecida entre as autorizadas da P&Q Comércio e da P&Q Serviços. Essa conexão fortalecida, que atende às regras cinco e oito do Processo de Deming, acelera o Ciclo da P&Q Distribuição, que aparece no canto inferior direito.

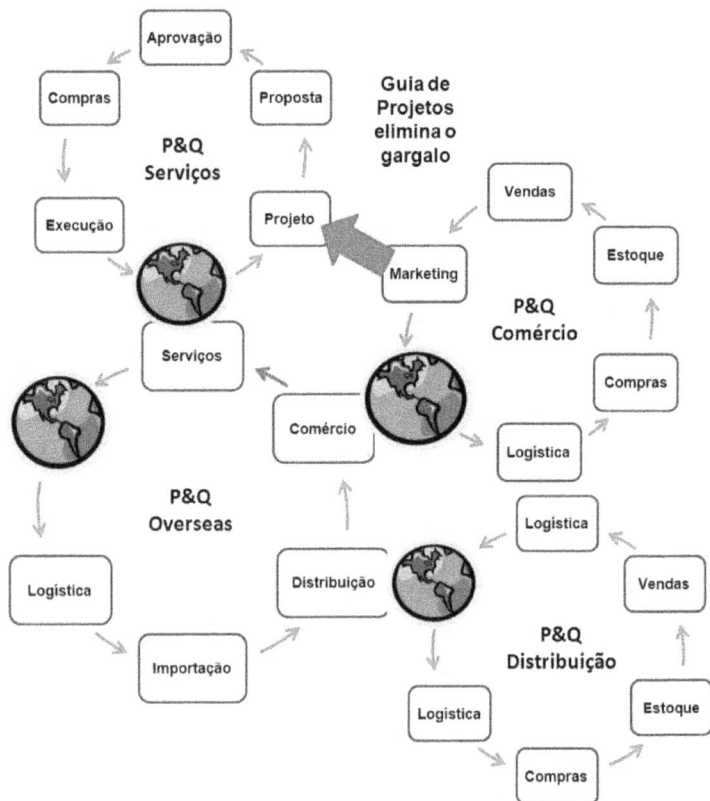

É interessante notar que **todos** os negócios do canal no país estão expostos no mesmo diagrama. Os ciclos dos processos da P&Q Comércio e da P&Q Serviços representam não apenas o funcionamento de uma empresa mas todo o conjunto de parceiros de comércio e serviços existentes no país.

Nichos de Mercado

Investidores e gerentes da rede autorizada adotaram uma ferramenta que enxerga fora da caixa de suas empresas. Sem a interferência de ótimos locais, eles tem oportunidade de focar no ótimo global.

Com isso, o especialista deixa de ser um gargalo na assistência técnica autorizada e passa a integrar um *pool* distribuído do Canal P&Q, com alcance nacional. Usuários do Guia de Projetos passam a ter uma experiência ágil e cativante, com suporte especializado e liberdade para alterações de última hora. Tudo isso, graças aos Ciclos dos Processos que proporcionam a gerentes e investidores um panorama global das empresas e do seu papel no ótimo global.

Após a melhora das restrições no Canal P&Q, a fábrica volta a ser o foco das atenções, pois a Etapa B continua como gargalo dos negócios P&Q. O diagrama condensado a seguir, batizado de **Diagrama de Ciclos do Processo**, inclui todos os negócios P&Q, a começar pela fábrica:

- Ciclo do Processo da Fábrica P&Q que emprega as matérias primas P-Part e RM1/2/3 para gerar produtos P&Q FOB.

As demais empresas do Canal P&Q também estão representadas:

- A partir dos produtos P&Q FOB, a empresa P&Q Overseas importa, comercializa para o Canal e autoriza assistências técnicas prestadoras de serviços.
- Para isso, conta com a P&Q Distribuição que transporta o produto desde a fábrica, realiza

importação seguindo as regras do país e transforma-o no produto P&Q Canal.

- Por sua vez, parceiros da P&Q Comércio adquirem os produtos nacionalizados do distribuidor, adicionam uma comissão de vendas e os vendem a usuários do mercado P&Q.

Diagrama de Ciclos do Processo

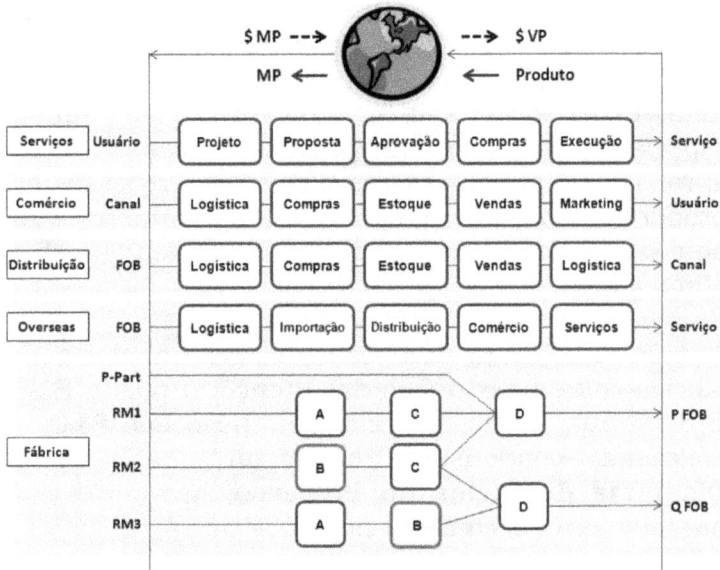

Apesar dos produtos serem os mesmos, a nomenclatura FOB, Canal, Usuário e Serviço reflete as transformações ocorridas dentro do Canal P&Q nos respectivos Ciclos dos Processos. Os parceiros autorizados de comércio e serviços garantem assim a capilaridade do mercado P&Q no país.

É interessante notar que, por mais que haja ciclos no diagrama, há somente a Etapa do gargalo a ser explorada e elevada. Não há muitas dúvidas sobre as decisões a serem tomadas para se continuar a melhora em direção ao ótimo global. Mesmo aqueles que não tomam parte diretamente no gargalo sabem até que ponto sua performance pode comprometer o funcionamento de todo o conjunto. Todos tem a exata consciência que, piorando, qualquer um pode se tornar o gargalo.

Como expandir a experiência de investidores e gerentes do Canal P&Q que tomaram decisões com base nos Ciclos dos Processos? O diagrama dos Nichos de Mercado mostra que tudo começa com o modelo de negócio sendo aceito por uma rede de parceiros. Daí, o Processo é concebido e o mercado faz o resto.

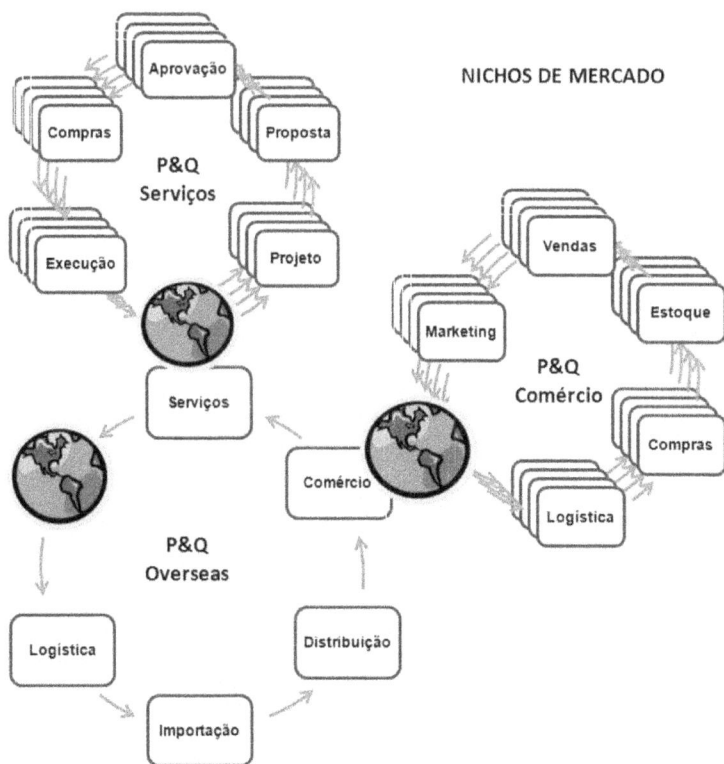

Na prática, haveria mais alguém interessado em participar? Como estender o raciocínio para todos? Este caminho leva ao ótimo global ou é apenas mais um ótimo local disfarçado?

Prosseguindo na filosofia do *"É isto que posso fazer por você. Eis o que você poderia fazer por mim"*, os Ciclos dos Processos podem ir além do limite de processos privados. Como fizeram os parceiros do Canal P&Q, os Ciclos de Processos podem especificar padrões públicos, que estabeleceriam estreitas relações de confiança no mercado.

Desta forma, um cliente poderia, por exemplo, consultar um nicho de mercado formado por um grupo de empresas cujo Ciclo do Processo atendesse a determinadas especificações. Por sua vez, fornecedores investiriam na adesão a Ciclos do Processo sugeridos por clientes e reconhecidos globalmente.

Ao assumir identidade própria, os Ciclos dos Processos podem ser utilizados para interligar negócios e promover a melhora contínua.

Os Tempos do Ganho

Como medir o Ciclo do Processo? Qual grandeza utilizar? A medida do Ciclo do Processo deve considerar que há fluxos de dinheiro e de produtos percorrendo o ciclo.

Os fluxos ocorrem em tempos próprios e distintos, pois o dinheiro das vendas e das matérias primas pode tanto ser pago antecipado, contra entrega ou com um certo prazo. Em contrapartida, ativos sempre dão entrada em cada Etapa, processam por algum tempo e avançam para a Etapa seguinte, até chegar ao consumidor, já na forma de produto final.

Em comum, eles percorrem um mesmo ciclo, porém em sentidos opostos. Por ser tratar de um fenômeno de natureza cíclica, o Ciclo do Processo tem um período, como abaixo definido.

- **Período (T)**: é o intervalo de tempo para que um fenômeno cíclico se repita. No caso das Etapas, é o tempo gasto no processamento de cada produto, podendo ser medido em segundos, minutos, dias, semanas, etc. Por exemplo, a Etapa B da Fábrica P&Q processa por 15 minutos cada unidade.

Distribuição normal

No exercício da fábrica ideal, a Etapa B gasta 15 minutos processando a matéria prima RM2. Ocorre que o período da Etapa não é uma variável determinística. O período é indeterminado, ou seja, varia na prática, pois os tempos de processamento não são exatamente iguais, produto a produto.

Se fizermos uma carta de controle do tempo gasto por uma Etapa para processar seus ativos, teremos variações devido a causas comuns e especiais, ou seja, seu período tem origem em eventos aleatórios, imprevisíveis.

Medidas subsequentes do tempo de processamento de uma Etapa geram uma sequência de períodos T(i) onde i representa cada produto. **Se o Processo está sob controle estatístico**, ou seja, livre de causas especiais, a distribuição de valores de T(i) do tempo que dura cada Etapa pode ser representada por uma **curva normal**, uma das distribuições de probabilidade mais adequadas para se modelar fenômenos naturais.

Expressa através da média e desvio padrão, a curva normal tem o formato de um sino, como mostra a figura abaixo.

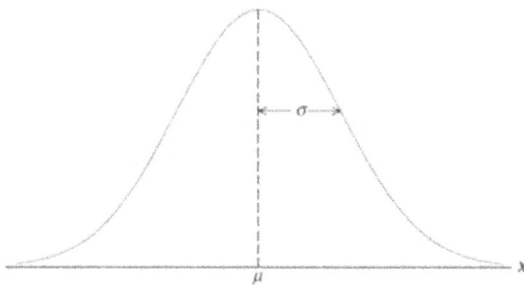

Curva normal

A **média** indica a posição central da distribuição, e o **desvio padrão** refere-se à dispersão da distribuição.

Se a distribuição é precisa em torno da média, temos uma curva alongada. Caso contrário, a curva se achata e as medidas se espalham, como pode ser visto nas duas curvas abaixo, com mesma média e desvios padrões diferentes.

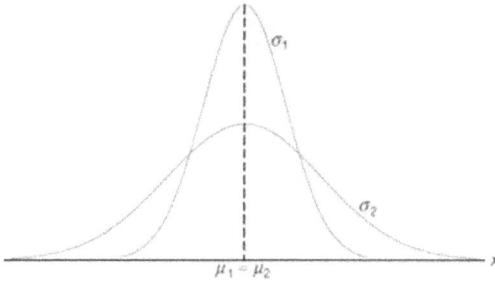

Curva Normal com $\mu_1 = \mu_2$ e $\sigma_1 < \sigma_2$

A média pode ser utilizada para representar o período da Etapa, e o desvio padrão determina os intervalos de confiança. Por exemplo, há 99,7% de probabilidade da medida se situar no intervalo (de ±3 desvios padrões) centrado na média, como mostra a figura a seguir.

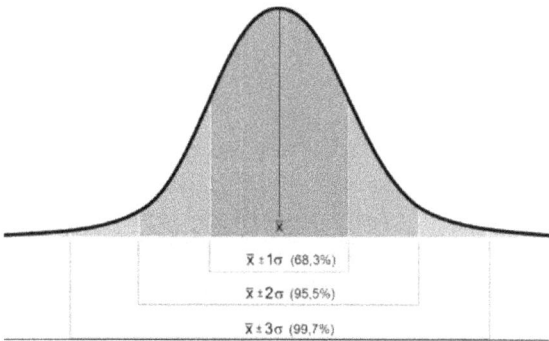

$\bar{X} \pm 1\sigma$ (68,3%)

$\bar{X} \pm 2\sigma$ (95,5%)

$\bar{X} \pm 3\sigma$ (99,7%)

Portanto, se uma Etapa gasta processando seus ativos a sequência de períodos T(i) para cada produto i = 1, 2, ... m, tem-se as definições:

- **Período médio (Tm)**: T(i) i = 1, 2, ... m.

- **Desvio Padrão (Dp)**: T(i) i = 1, 2, ... m.

O Sistema de Informação considera que o Processo é concebido para ser estável, ou seja, com previsibilidade no período de processamento de cada Etapa. Com isso, o Processo garante que os períodos de processamento das Etapas estão sob controle estatístico, dentro dos limites de controle estabelecidos por causas comuns existentes.

Eventuais causas especiais devem ser isoladas e tratadas, mantendo o processamento das Etapas e consequentemente o Processo sob controle. Manter previsíveis os tempos do Ganho é pré-requisito para a melhora contínua em direção ao ótimo global.

Spin do Processo

O Ciclo do Processo também pode ser expresso pelo inverso do período, ou seja, a frequência, definida a seguir.

- **Frequência (F)**: é o número de vezes que um fenômeno ocorre em uma certa unidade de tempo. No caso do Ciclo do Processo, refere-se a ocorrências durante a Jornada de Trabalho.

A frequência também pode ser interpretada como spin, velocidade angular, ou seja, uma quantidade de ciclos completos por unidade de tempo. A partir de Tm, o período médio da Etapa, calcula-se então w como sendo o Spin da Etapa, através da equação:

$$w = \frac{Jornada\ de\ Trabalho}{Tm}$$

Para que serve o Spin? Sabe-se que o Processo é dividido em Etapas. Se a Etapa for justamente o gargalo do Processo, significa que o spin da Etapa é, na verdade, o Spin do Processo. Em outras palavras, se o gargalo determina a performance, o Spin do Processo nada mais é que o Spin da Etapa do gargalo.

Ciclo do Processo da Fábrica P&Q

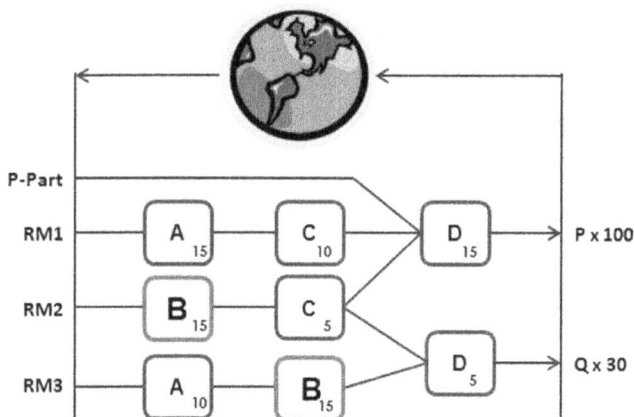

Qual o Spin da Fábrica P&Q do exercício realizado anteriormente? O Ciclo do Processo mostra o gargalo na Etapa B realçado.

Dividindo-se a Jornada de Trabalho pelos quinze minutos gastos no processamento da Etapa B, chega-se à conclusão que o gargalo é acionado cento e sessenta vezes por semana.

Spin da Fábrica P&Q

$$w = \frac{\text{Jornada de Trabalho}}{\text{Tm(Etapa B)}}$$

$$w = \frac{2400 \text{ min/semana}}{15 \text{ min}}$$

$$w = 160 \text{ /semana}$$

O Spin corresponde à quantidade total de utilizações da Etapa B durante a Jornada de Trabalho.

Conferindo as contas, para produzir cem peças de P, utiliza-se a Etapa B uma vez por produto. Com isso, restam sessenta utilizações da Etapa B. Isso permite que sejam produzidos trinta Q´s, que utilizam duas vezes o gargalo cada um.

Cyclo: Máquina de Ganho

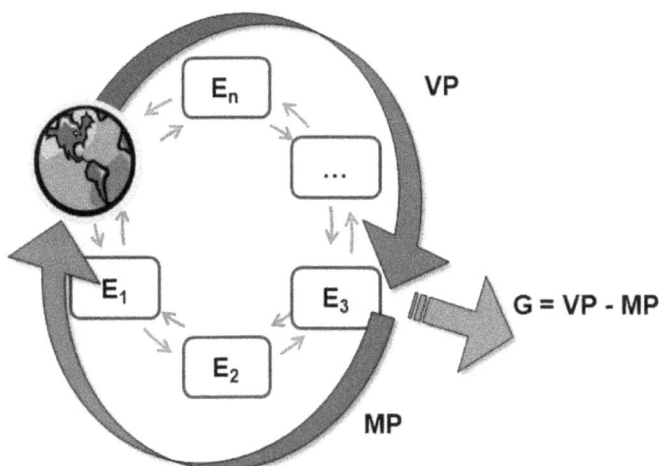

Segue no diagrama abaixo o Cyclo, uma Máquina de Ganho baseada no Ciclo do Processo. O Ganho resulta da diferença do fluxo de dinheiro recebido com a Venda de Produtos e pago pelas Matérias Primas. Consequentemente, o Ganho resulta da multiplicação de velocidade por dinheiro, tanto para se receber quanto para se pagar.

Cyclo: Máquina de Ganho

E_n
$...$
E_1
E_3
E_2
VP
$G = VP - MP$
MP

Nada impede que esse fluxo assuma valores intermediários negativos, mas espera-se um valor positivo para o Ganho, suficiente para bancar a Despesa Operacional da empresa e gerar Lucro.

* **Cyclo:** Máquina de Ganho baseada no Ciclo do Processo;

- **Ganho G** ($/t): Fluxo resultante do recebimento da Venda de Produtos e do pagamento de Matérias Primas;

- **Spin w** (#/t): A velocidade de giro do Cyclo é igual ao inverso do período da Etapa do gargalo.

O Ganho (G), medido em fluxo de dinheiro por unidade de tempo ($/t) também pode ser obtido a partir da multiplicação do Spin do Processo pela diferença entre os valores médios unitários de venda do produto (vp) e do custo da matéria prima (mp). A equação fica:

$$G = w\,(vp - mp)$$

Chega-se portanto à conclusão que há duas formas de se aumentar o Ganho. A primeira é bastante óbvia: aumenta-se a diferença entre o preço de venda e o custo da matéria prima, ou seja, vende-se o produto por um preço maior e/ou consegue-se uma matéria prima mais barata. Outra forma de se aumentar o Ganho é acelerando o Spin do Processo, ou seja, elevando a Etapa do gargalo.

Alguns fabricantes de produtos eletrônicos, por exemplo, se aproveitam bem disso. Lançam produtos com preços ultra competitivos para ganhar mercado e alavancar o volume de vendas inicial. No primeiro momento, praticam Lucro mínimo para aumentar a competitividade e afastar os concorrentes. Porém, em seguida iniciam rodadas de otimização que reduzem dois ou mais circuitos integrados para um só componente. Assim, sem precisar alterar o preço de venda, e devido à redução de custo, os fabricantes passam a ter Ganho maior. Mas as vantagens não param por aí. Devido à maior escala de integração, ou seja, menos componentes para montar e testar, a produção fica mais ágil. Se o gargalo evolui, com o Cyclo girando mais rápido, o Ganho é multiplicado de novo. Após algumas rodadas, os Lucros cresceram bastante e o preço continua competitivo. Pode até baixar, caso a concorrência chegue junto.

Operação com Cyclos

O exercício realizado anteriormente, em que parceiros da P&Q Comércio e da P&Q Serviços expandiram o Canal P&Q no país, mostrou qualitativamente a interligação dos Ciclos do Processo. Aprofundando essa análise do ponto de vista quantitativo, qualquer Etapa de um determinado Processo pode ser substituída por um novo Cyclo, desde que sejam observadas algumas condições.

Suponha que o Cyclo-A, mostrado a seguir, é composto de Etapas [E1, ... Ei, ... En]. Não é importante no momento determinar o gargalo ou o Spin do Cyclo-A. Considere também uma Etapa qualquer Ei, não necessariamente o gargalo, com Spin igual a Spin(Ei).

Por uma razão estratégica qualquer, a Etapa Ei será implementada por fornecedores interessados em colocar em prática a filosofia *"É isto que posso fazer por você. Eis o que você poderia fazer por mim"*.

Todos os envolvidos concordam então em utilizar um novo Cyclo como referência para especificar o que deve ser feito. O Cyclo-B, composto pelas Etapas [F1, ... Fg, ... Fk], sendo a Etapa Fg o seu gargalo, resulta em um processamento similar à Etapa Ei.

Qual o impacto dessa substituição? Como garantir que a substituição do Cyclo-B não irá afetar o funcionamento do Cyclo-A?

Operação com Cyclos

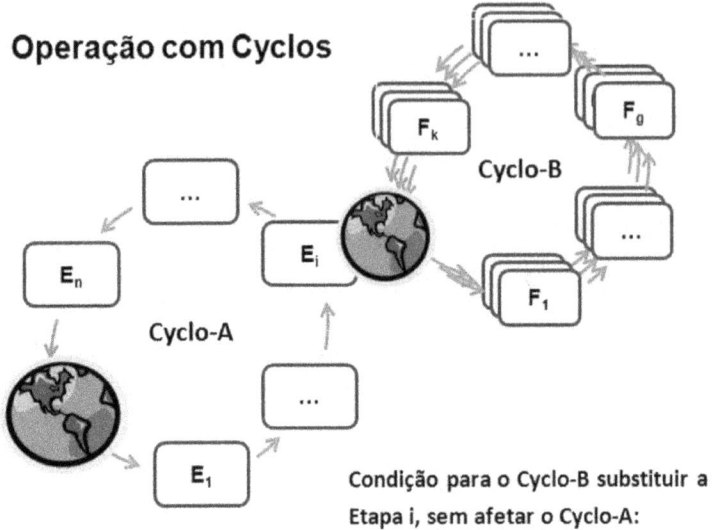

Condição para o Cyclo-B substituir a Etapa i, sem afetar o Cyclo-A:

$$\text{Spin (Cyclo-B)} = \text{Spin } (F_g) \geq \text{Spin } (E_i)$$

Cyclo-A	Indeterminado
• Etapas:	[E1, ... Ei, ... En]
• Gargalo:	indeterminado
• Etapa Ei:	processa ativos com Spin(Ei)
• Spin:	indeterminado

Cyclo-B	Substitui a Etapa Ei do Cyclo-A
• Etapas:	[F1, ... Fg, ... Fk]
• Gargalo:	Etapa Fg
• Etapa Fg:	gargalo do Cyclo-B com Spin(Fg)
• Spin:	Spin(Cyclo-B) = Spin(Fg)

Observe que o Spin do Cyclo-B é igual a Spin(Fg), referente à Etapa Fg do gargalo. Para garantir que a entrada do Cyclo-B em funcionamento não afete o Spin do Cyclo-A, é preciso que o Spin(Cyclo-B) seja maior ou igual ao Spin(Ei) original. Desta forma, garante-se que o Spin(Cyclo-A) não será afetado pela entrada em funcionamento do Cyclo-B.

bAmpli: Amplificador de Negócios

O projeto do Sistema de Informação, que auxilia na tomada de decisão de investidores e gerentes, tomou emprestado e modificou as habilidades e técnicas de gerenciamento e fabricação do século XX, resultando em um processo turbinado por SPC, JIT, TPM e TOC.

Etapas do Processo de Deming, originalmente enfileiradas em sequência aberta, se fecharam em ciclo com a Terra, de onde tudo sai e para onde tudo retorna. Assim, o novo conceito de Cyclo gira continuamente dinheiro e ativos do processo em sentidos opostos. A velocidade é determinada pelo Spin da Etapa do gargalo.

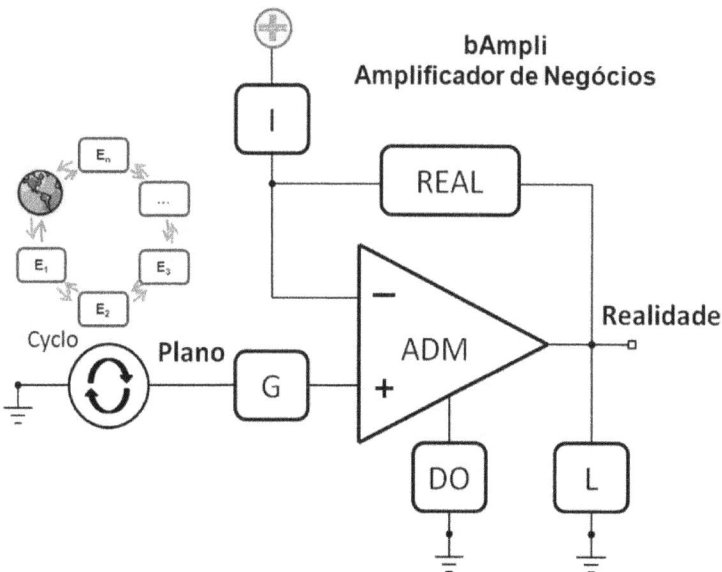

No diagrama do bAmpli - Amplificador de Negócios alimentado por um Cyclo, se destacam o Plano e a Realidade, ou seja, o que se deseja fazer e o que está acontecendo de verdade.

O Amplificador de Negócios alimentado por Cyclos estabelece um inédito processo de decisão, com melhora contínua garantida através da exploração e elevação das restrições do processo. Com isso, investidores e gerentes de cada nível da empresa podem ter, a qualquer momento, uma visão global da organização e do seu papel na globalização.

Plano x Realidade

O **plano** consiste em administrar um ou mais Cyclos que irão alimentar o caixa da empresa com seus respectivos Ganhos. Equivalente à fonte de alimentação de um amplificador eletrônico, o símbolo "+" no topo representa o investidor. Ele alimenta o módulo do Investimento que lastreia o negócio e espera Lucro na saída, para ser remunerado com Retorno do Investimento em um ambiente de risco reduzido.

Além do plano, o Sistema de Informação capta a **realidade** nua e crua da saída, por exemplo, o extrato bancário com créditos e débitos na conta corrente da empresa.

A função do módulo de Administração é confrontar o plano com a realidade e promover a ação de gerentes e investidores quando houver diferenças. A Despesa Operacional é um módulo a ser alimentado para que a Empresa possa funcionar e inclui despesas de Mão de Obra e Overhead.

O módulo da Administração também possui entradas "+" e "-", onde entram o plano e a realimentação da realidade. O Cyclo é considerado o plano, logo ele é conectado à entrada positiva. É o que se espera que aconteça. Se a realidade confirma o planejado, prossegue-se no modo automático.

92

Caso haja disparidade entre a realidade e o plano, é preciso atuar. Aciona-se o investidor, caso necessário. Quando o Ganho estiver negativo, por exemplo, para manter o Cyclo girando será preciso injetar Investimento. É o que não se espera que aconteça mas acontece.

Ganho do bAmpli

Por definição, considera-se as entradas "+" e "-" do bAmpli no mesmo potencial, ou seja, se o Ganho é positivo, ambas as entradas estão positivas e vice-versa. Sei que é pouco para justificar essa opção, mas o modelo equivalente de um amplificador operacional eletrônico também funciona dessa forma.

Com isso, dependendo do valor do Ganho e do Lucro acumulado, temos três situações possíveis:

Ganho positivo

Nesse caso, a realidade (Real) deverá confirmar que o módulo do Lucro acumulou Ganho. A confirmação funciona como se Real tivesse passado recursos da entrada para a saída do amplificador, como pode ser visto no bAmpli ao lado. Por ser um módulo acumulativo, o Lucro funciona de forma semelhante ao capacitor que acumula carga no modelo eletrônico. Isso ocorre quando se recebe maior volume de recursos da Venda de Produtos, comparado aos pagamentos de Matéria Prima.

Operação bAmpli

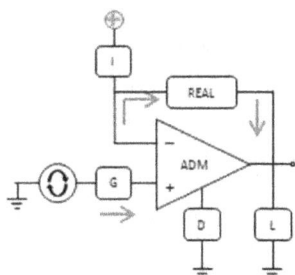

G > 0 (acumula Lucro)

Ganho negativo

Com as entradas negativas, é preciso captar recursos. Caso contrário, o Cyclo corre o risco de "morrer", ou seja, parar de girar. O investidor tenta evitar isso, pois sabe que romper a inércia para dar partida na máquina tem um custo bem maior. Se Real confirma recursos acumulados no Lucro, passa-os de volta, da saída para a entrada do amplificador. Veja ao lado que isso ocorre quando há provisão para pagamento da Matéria Prima.

Operação bAmpli

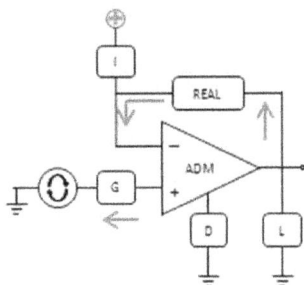

G < 0 (com provisão)

Se não há provisão acumulada para o pagamento da Matéria Prima ao fornecedor, é preciso acionar o investidor para liberar recursos, por meio do Investimento. Os recursos devem ser suficientes para, pelo menos, zerar o Ganho. Desta forma, como mostra o diagrama do Amplificador de Negócios ao lado, salda-se a dívida com o fornecedor de Matéria Prima e o Cyclo se mantém girando.

Operação bAmpli

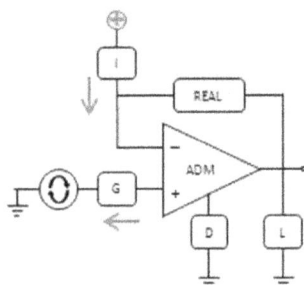

G < 0 (sem provisão)

Retorno do Investimento

Se tudo ocorre como planejado, o Ganho acumulado supera a Despesa Operacional e gera Lucro. Nesse caso, o investidor tem direito ao Retorno do Investimento, com o Real retornando parte do Lucro acumulado através do módulo I, ou seja, o "+" no topo recebe recursos de volta. Veja mais detalhes no diagrama a seguir.

Operação bAmpli

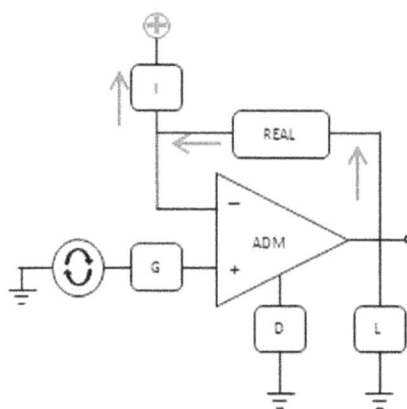

Retorno do Investimento

Circuitos de Negócios

Os Amplificadores de Negócio também podem ser agrupados para formar circuitos de negócios. No exemplo a seguir, seis Cyclos administrados separadamente contribuem em conjunto para o Lucro de uma mesma empresa, como no caso de filiais distribuídas geograficamente.

Filiais com bAmpli

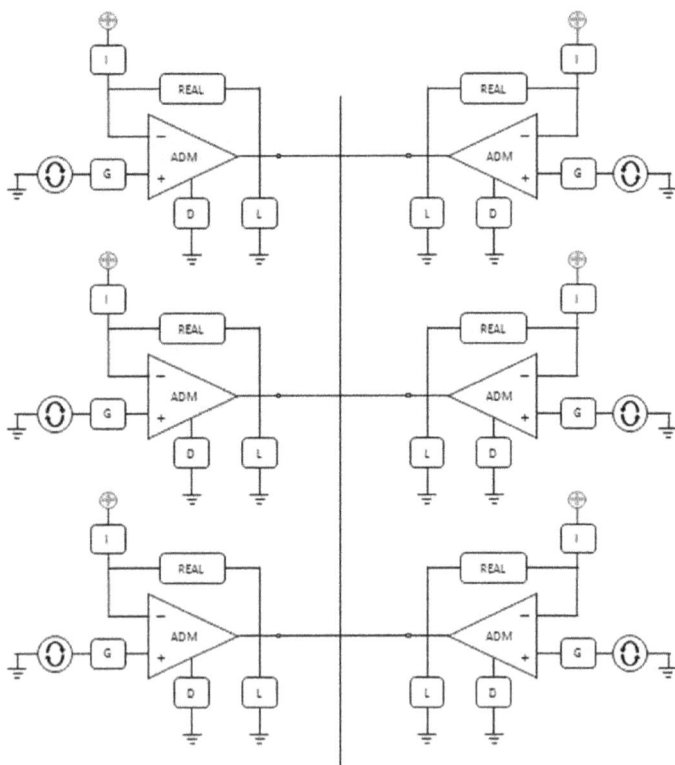

Em outro exemplo, visto a seguir, a empresa situada à esquerda disponibiliza uma linha de investimentos para alavancar três outras empresas com Cyclos distintos. Pode representar um investidor Anjo aplicando recursos em Startups, por exemplo.

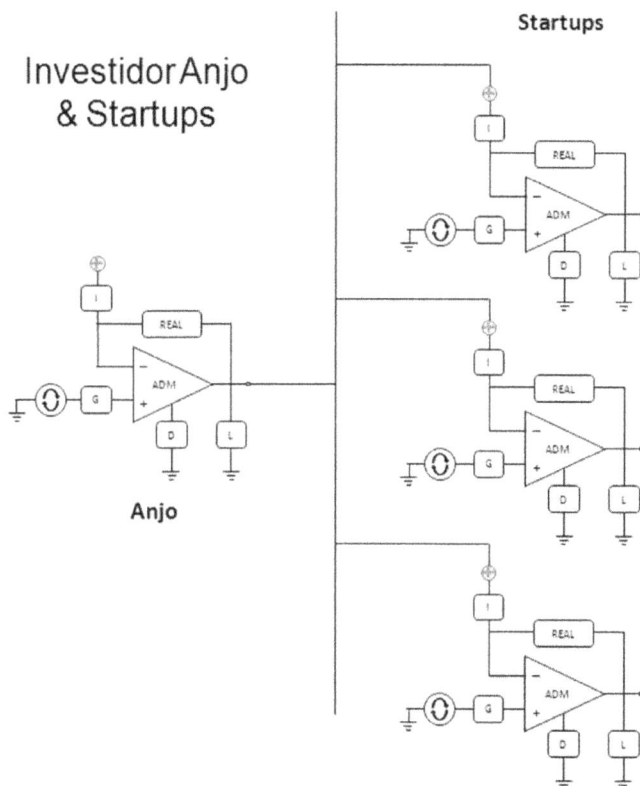

Nesse caso, quando o Anjo realiza a Venda do Produto, negocia a Startup inteira, que desaparece do diagrama e engorda o Lucro do Anjo!

Divisão em Camadas

Hoje em dia, a tomada de decisão de investidores e gerentes está focada principalmente na administração de conflitos, originados na otimização de múltiplos ótimos locais. Esse problema tem início na estrutura hierárquica das organizações, fruto da limitação humana em gerenciar grupos com várias pessoas. Sabe-se que uma pessoa é capaz de gerenciar, de forma eficiente, entre 5 a 15 subordinados diretos.

As empresas maiores resolvem este conflito implantando estruturas em forma de pirâmide, em que os níveis hierárquicos são ocupados por gerentes que dependem da circulação de informações e decisões. Ambos os fluxos devem circular para cima e para baixo, assegurando o funcionamento da estrutura de comando. Constata-se que a rotina do gerente, em cada posto de trabalho, é mais ou menos assim:

1. Recebe ordens do chefe (acima da pirâmide);
2. Solicita informações aos subordinados (abaixo da pirâmide);
3. Em seguida, analisa as informações e ordens recebidas;
4. Finalmente, informa ao chefe (acima da pirâmide) e
5. Propaga ordens aos subordinados (abaixo da pirâmide).

Neste ciclo de informação-análise-decisão, todos os gerentes, sem exceção, são tomadores de decisão. Recebem e emitem informações e decisões o tempo todo, sempre via pirâmide. Por isso, os próprios gerentes são os únicos responsáveis em evitar a propagação de erros, quer seja nas informações vindas do processo ou nos comandos vindos da direção.

Problemas surgem quando gerentes competem entre si, tentando fazer o melhor. Em consequência, há distorção nos fluxos de informação e decisão que acabam comprometendo o funcionamento da empresa. Quanto maior a pirâmide, maior o risco de haver distorção nas informações e decisões.

Como a escolha de um meio termo não costuma agradar a ambos os lados de um conflito, caímos frequentemente na situação delicada em que **a soma dos ótimos locais quase sempre nos afasta do ótimo global.**

Níveis são a solução, não o problema

Na verdade, a divisão em níveis hierárquicos deveria ser solução, não a fonte de problemas. Na construção do consagrado modelo de redes locais na década de 70, a divisão em camadas equacionou e estabeleceu uma fundação sólida para lidar com complexos protocolos de comunicação.

Na iniciativa ISO/OSI, a *International Standards Organization* desenvolveu o *Open Systems Interconnection,* modelo que teve papel fundamental na concepção do padrão Ethernet e da própria Internet. Um modelo estabeleceu definições operacionais e padronizou as funções de comunicação de um sistema de computação. O grupo de trabalho IEEE 802.1, do Instituto de Engenheiros Elétricos e Eletrônicos, é responsável, hoje e sempre, por evoluir os padrões e garantir a interoperabilidade das redes. Você conecta sua televisão ao home theater por um cabo de rede, um cabo idêntico conecta seu computador ao roteador Internet, independente de modelo e fabricante de qualquer um destes aparelhos. Até as ondas eletromagnéticas do Wifi de seu celular se encaixam nesse padrão, conectando você a pontos distantes do planeta. Pois é, nada disso seria possível sem a iniciativa ISO/OSI.

Goldratt também propôs algo do tipo, quando criou os Indicadores da Empresa. Era uma forma de estabelecer uma ponte que serviria de contraponto ao enorme leque de variáveis da Contabilidade de Custos. Com isso, ele pretendia criar uma linguagem ubíqua, compreendida por todos e que serviria de base para a evolução da Teoria das Restrições.

Para orientar investidores e gerentes em suas decisões na direção do ótimo global, precisa-se de um modelo de Sistema de Informação, formado de elementos simples combinados, que expresse as melhores práticas de gerenciamento e administração. Pensando nisso, e tentando expandir o intercâmbio entre todas as empresas, o Sistema de Informação propõe um esforço de padronização em quatro Camadas:

1. **Indicadores da Empresa:** Com origem na Contabilidade de Custos, esta é a camada com informações financeiras básicas da empresa. Na metade do século XX, a mão de obra virou custo fixo da empresa. Os japoneses realçaram a importância do Retorno do Investimento como medida de performance;

2. **Cyclo: A Máquina do Ganho:** Baseia-se na definição original do processo de Deming, com a regra adicional que fecha o ciclo do processo com a Terra, de onde tudo sai e para onde tudo retorna. Produz o Ganho, a medida mais importante;

3. **bAmpli: Amplificador de Negócios:** estabelece as regras para administração do Cyclo, redirecionando o Ganho para o Lucro da empresa e acionando o investidor para lastrear o negócio em eventuais aportes de Investimento;

4. **Circuito bAmpli de Negócios:** a interligação de Amplificadores de Negócio permite que investidores e gerentes se abstraiam dos Cyclos de produção e focalizem na interação entre um grupo de empresas, estabelecendo margens seguras de risco para os negócios.

Segue um resumo das quatro camadas propostas, consolidando as informações e discussões realizadas nos capítulos anteriores.

Camada 1 - Indicadores da Empresa

Os Indicadores da Empresa, listados a seguir, apresentam a informação básica a ser disponibilizada para as operações realizadas nas camadas superiores. A simplicidade das equações é vital para a sua aceitação e compreensão geral. Estas são as informações financeiras básicas que empresas, de qualquer tipo e tamanho, deverão ter e manter.

Indicadores da Empresa

Sigla	Indicador	Descrição
RI	Retorno do Investimento	Equivale ao Lucro Líquido dividido pelo Investimento;
I	Investimento	É todo o dinheiro que o sistema investe comprando coisas que o sistema pretende vender;

L	Lucro Líquido	Receita da Venda de Produtos menos os custos de Matéria Prima, Mão de Obra e Overhead;
VP	Venda do Produto	É o fluxo de dinheiro recebido pela Venda de Produtos;
MP	Matéria Prima	É fluxo de dinheiro que remunera os fornecedores;
G	Ganho	É a taxa na qual o sistema gera dinheiro através de vendas. Equivale à receita da Venda de Produtos menos as despesas com Matérias Primas;
MO	Mão de Obra	Despesa da empresa com Mão de Obra;
OH	Overhead	Demais custos fixos da empresa;

As equações refletem as relações entre os Indicadores da Empresa:

$$RI = \frac{L}{I}$$

$$L = (VP - MP) - (MO + OH)$$

$$G = VP - MP$$

$$DO = MO + OH$$

$$L = G - DO$$

$$RI = \frac{G - DO}{I}$$

Camada 2 - Cyclo: Máquina de Ganho

A Camada 2 define o Processo pelas regras originais de Deming, e da regra adicional do Ciclo do Processo, em que tudo sai da Terra e tudo retorna à Terra.

Com isso, coloca-se também em prática a regra seis do Processo de Deming que exige que sejam estabelecidas relações de confiança do tipo *"É isto que posso fazer por você. Eis o que você poderia fazer por mim".*

Definido na Camada 2, o Cyclo gera um fluxo de dinheiro, resultante da diferença entre os recebimentos da Venda de Produtos e os pagamentos das Matérias Primas. O diagrama do Cyclo e a lista de regras que definem o seu Processo são mostrados a seguir:

Cyclo: Máquina de Ganho

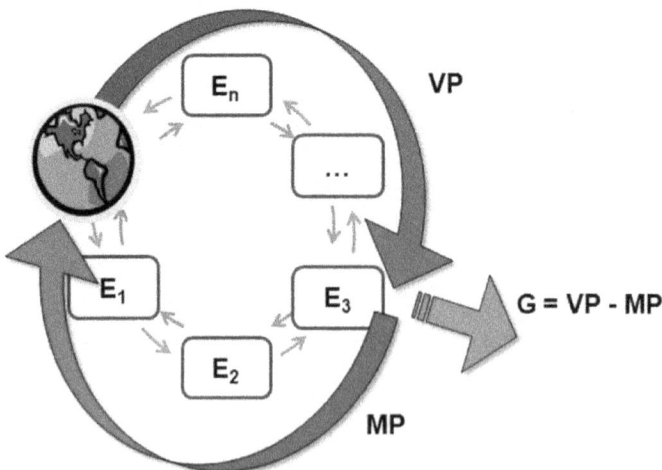

$$G = VP - MP$$

PROCESSO DO CYCLO

Etapa 1 ▶ Etapa 2 ▶ ... ▶ Consumidor

1. O Processo é dividido em Etapas;
2. O trabalho ingressa em uma Etapa, muda de estado e prossegue, tendo como cliente a Etapa seguinte.
3. A cada Etapa há produção, ou seja, algo acontece no conjunto de ativos que ingressam em uma Etapa, acarretando sua saída em estado diferente.
4. Cada Etapa incorpora melhora contínua de métodos e procedimentos, visando satisfazer Etapas seguintes.
5. Cada Etapa coopera com a seguinte e com a precedente, buscando otimização.
6. As Etapas estabelecem relações de confiança a longo prazo, do tipo: é isto que posso fazer por você, eis o que você pode fazer por mim.
7. A Etapa final é destinada ao Consumidor, comprador do produto ou serviço.
8. As Etapas trabalham em conjunto, visando a qualidade e satisfação do Consumidor.
9. O Consumidor é o elo principal da linha de produção.
10. O Processo é um ciclo fechado que consome produtos da natureza e os transforma em outros produtos da natureza.

As Etapas são concebidas de acordo com as habilidades e o fluxo de trabalho necessários ao Processo.

Cada Etapa incorpora um processo de melhora contínua, ou *kaizen*. Para isso, com auxílio do SPC, JIT, TPM e TOC, a administração deverá estabelecer definições operacionais relativas ao Processo, realizar amostragens, medições e construir cartas de controle que avaliem a qualidade da produção.

Se o Processo está sob controle estatístico, ou seja, livre de causas especiais, a distribuição de probabilidades dos Períodos das Etapas é representada por uma curva normal.

Espera-se do Processo um comportamento cíclico previsível, cuja velocidade é determinada pelo Spin do Processo, ou seja, o inverso do Período da Etapa do gargalo.

Camada 3 - bAmpli: Amplificador de Negócios

A operação do bAmpli estabelece as regras da Camada 3, aferindo o plano estabelecido pelo Cyclo e comparando-o à realidade dos fatos.

A Administração age de forma simples e intuitiva, canalizando o Ganho para o Lucro. Pode também acionar o Investimento, lastrear o negócio e evitar a "morte" do Cyclo, sendo remunerada pelo Retorno do Investimento.

A Despesa Operacional é continuamente alimentada, honrando os custos fixos da Empresa que incluem Mão de Obra e Overhead.

Segue o diagrama do Amplificador de Negócios alimentado por um Cyclo, onde se destacam:

- o **Plano**: o Cyclo é o que se deseja fazer;
- a **Realidade**: os fatos, por exemplo, o extrato bancário com créditos e débitos na conta corrente da empresa.

bAmpli: AMPLIFICADOR DE NEGÓCIOS

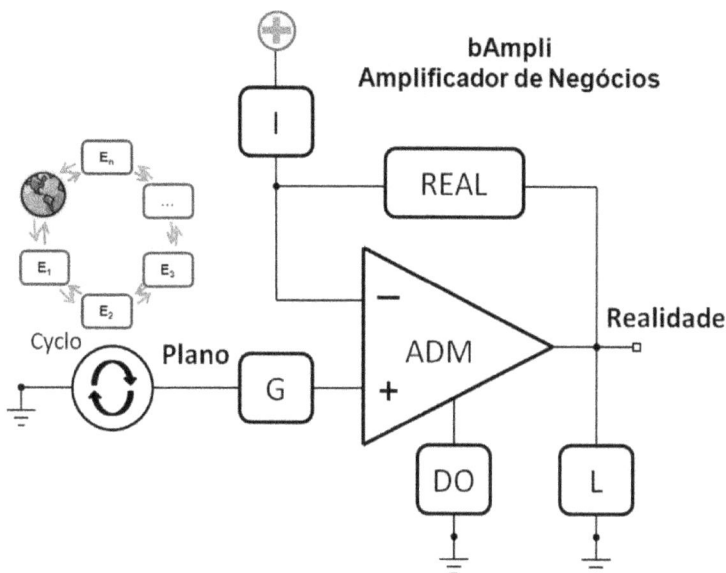

bAmpli: Amplificador de Negócios	
Cyclo	Ciclo do Processo que alimenta o bAmpli com seu Ganho
Ganho (G)	Diferença entre recebimento da Venda de Produtos e pagamento de Matérias Primas
Investidor (+)	Dono da empresa
Investimento (I)	Dinheiro investido na empresa
Administração (ADM)	Administração da empresa
Realimentação (REAL)	Captação da realidade dos fatos
Despesa Operacional (DO)	Custos fixos da empresa
Lucro (L)	Lucro da empresa

Camada 4 - Circuito bAmpli de Negócios

Como pode ser visto a seguir, o Diagrama de Cyclos exprime com precisão o relacionamento entre as partes envolvidas, quer estejam sob o mesmo galpão na Fábrica P&Q, ou distribuídas por milhares de parceiros do Canal P&Q em um país distante.

O diagrama é flexível, podendo ser expandido indefinidamente. Cada Etapa do Cyclo pode ser substituída por um novo Cyclo, basta ter Spin maior ou igual que a Etapa a ser substituída. Cada Cyclo pode se tornar um nicho, basta todos concordarem.

Diagrama de Cyclos

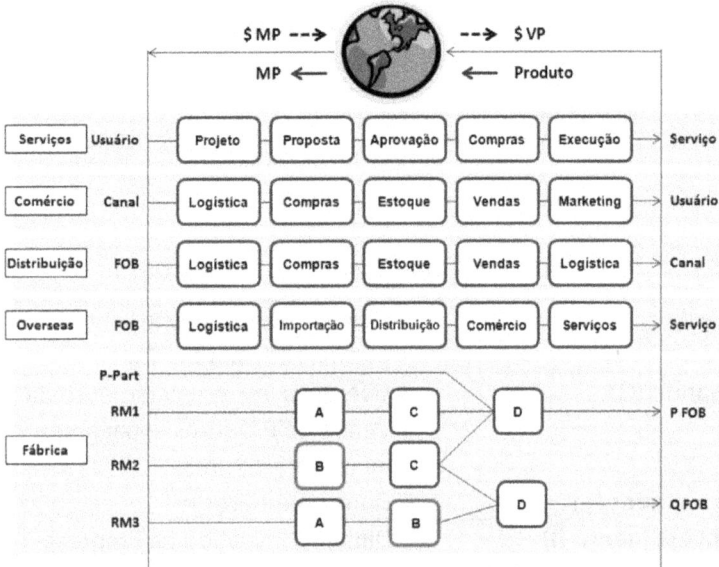

Mas somente os Cyclos, girando isolados, não resolvem todo o problema. Eles devem estar conectados aos bAmpli – Amplificadores de Negócios de suas respectivas empresas. Só assim poderão efetivamente traduzir em números a expectativa que o Spin do Processo oferece.

Os Indicadores da Empresa passam a fluir no bAmpli, através de operações simples e objetivas do workflow administrativo. Se o Plano coincide com a Realidade dos fatos, as operações seguem em modo automático, liberando a intervenção humana. Com isso, investidores e gerentes podem se dedicar à tarefas nobres de melhorias dos Cyclos, ou seja, os Ciclos dos Processos.

Só de olhar para o Circuito bAmpli com 4 Cyclos a seguir, sabe-se que:

- Um investidor X, representado pelo "+"no topo, mais à esquerda do circuito, é o dono de um Circuito bAmpli de Negócios;

- X investe em quatro empresas, os seus respectivos Cyclos estão numerados de 1 a 4;

- A empresa responsável pelo Cyclo 1 reinveste seu Lucro, em separado, nos negócios das empresas dos Cyclos 2 e 3;

- As empresas dos Cyclos 2 e 3 administram seus Cyclos separadamente, porém compartilham o Lucro;

- E reinvestem na empresa do Cyclo 4.

Espera-se Lucro em todas as quatro empresas, dando Retorno do Investimento para o investidor X, ou seja, o dono do Circuito bAmpli, representado pelo "+" do topo, mais à esquerda do circuito.

O Circuito bAmpli com 4 Cyclos lembra mais alguma coisa? Veja a resposta a seguir, depois do diagrama.

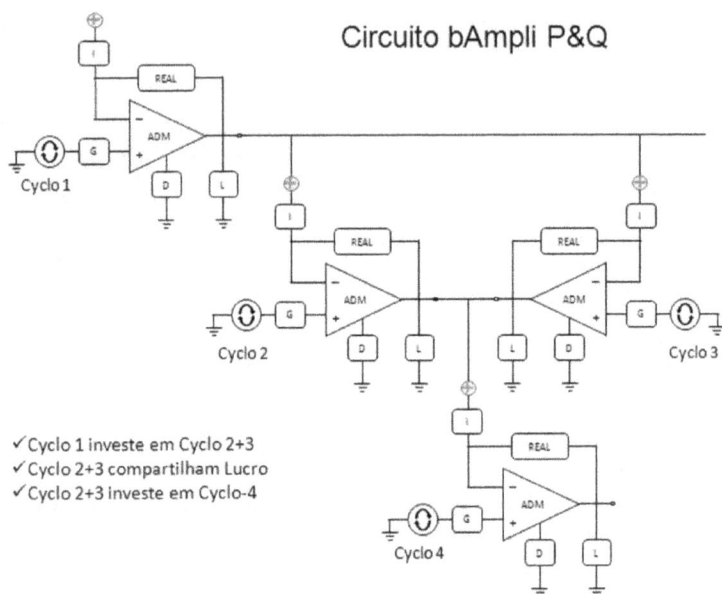

Circuito bAmpli P&Q

✓ Cyclo 1 investe em Cyclo 2+3
✓ Cyclo 2+3 compartilham Lucro
✓ Cyclo 2+3 investe em Cyclo-4

Poderia ser a Fábrica P&Q o Cyclo 1? As empresas dos Cyclos 2 e 3 são bancadas em conjunto, como a P&Q Overseas e a P&Q Distribuição. Ambas compartilham o seu Lucro, pois o interesse maior é promover a marca P&Q no país. Quanto ao Cyclo 4, pode ser atribuído a qualquer atividade que o grupo P&Q tenha necessidade de criar no país para encantar seus clientes e manter o Cyclo 1 da matriz girando cada vez mais forte!

O Circuito bAmpli de Negócios, resultado da associação de Amplificadores de Negócio, alimentados por seus respectivos Cyclos, permite que investidores e gerentes, de cada nível da empresa, a qualquer momento, tenham acesso à visão global da organização e do seu papel na globalização.

Conclusão

A cada 30 anos, desde a invenção da fábrica Ford nos Anos 20, ocorreram grandes transformações na administração de negócios. Deming nos Anos 50 iniciou a revolução nos países asiáticos com o SPC, sendo seguido pelo JIT e TPM. Nos Anos 80, Goldratt reconduziu os ocidentais ao topo com a Teoria das Restrições. É importante agora potencializar os sistemas de informação com a melhora contínua na direção do ótimo global.

Para atacar de frente os principais problemas atuais é preciso evitar desperdícios de energia com a administração de conflitos entre departamentos, empresas concorrentes, países e continentes que se fecham, e assim por diante. O desafio de criar uma infraestrutura de negócios que permita a exploração e elevação de gargalos seria recompensada por uma enorme concentração de esforços na melhora contínua de todos os processos, em direção ao ótimo global.

A proposta apresenta um Sistema de Informação organizado em camadas, que oferece uma alternativa de desenvolver uma linguagem ubíqua para auxiliar investidores e gerentes de empresas, de todos os tipos e tamanhos, envolvidos na tomada de decisão de negócios.

A inteligência do homem pode ser usada para aproveitar melhor os recursos disponíveis na Terra. Essa sim, é única. E de todos nós.

JOSÉ MOTTA LOPES

Sobre o Autor

José Motta Lopes, carioca, se formou em 1977 em Engenharia Eletrônica na UFRJ. Obteve em 1982 o grau M.Sc no Programa de Engenharia de Sistemas e Computação da COPPE/UFRJ. Trabalhou dez anos como pesquisador do CEPEL - Centro de Pesquisas de Energia Elétrica da Eletrobrás. Nesse período, desenvolveu Centros de Supervisão para Sistemas Elétricos e, no final dos Anos 70, transferiu para a indústria brasileira a tecnologia de projeto e fabricação da primeira geração de PLCs fabricados no país. Em 1985, fundou a Mira Informática, uma software house que desenvolveu sistema operacional de redes locais largamente utilizado em automação industrial e de escritórios. Na década de 90, participou por dez anos do Sistema Industrial de Coleta de Dados para SPC da fábrica Quality #1 da Divisão Eletrônica da Ford em Guarulhos, São Paulo. Divulgou, nos Anos 90, a Teoria das Restrições de Eli Goldratt, através de workshops em diversas cidades do Brasil. Em seguida, atuou por vinte anos como CEO de empresas de networking no mercado brasileiro. Hoje em dia, dedica-se a projetos de Internet das Coisas (IoT) e consultoria empresarial.

Glossário

Segue definição sucinta de termos selecionados, siglas e nomenclaturas utilizados neste livro.

bAmpli — Amplificador de Negócios alimentado por Cyclos que estabelece um inédito processo de decisão para gerentes e investidores, com melhora contínua garantida através da exploração e elevação das restrições do processo.

CEO — O *Chief Executive Officer* é o executivo mais graduado de uma empresa.

CN — Comando Numérico é um sistema desenvolvido em meados do século passado que utilizava fitas perfuradas para o controle de máquinas, tornos e centros de usinagem.

CPD — Centro de Processamento de Dados.

Cyclo — Máquina de Ganho baseada no Ciclo do Processo que gera um fluxo de dinheiro, resultante da diferenças entre os recebimentos da Venda de Produtos e pagamentos das Matérias Primas.

Digital PDP-11 — Modelo de minicomputador de 16 bits, fabricado pela Digital nos Anos 70 e 80.

IBM PC/XT/AT — Modelos de microcomputadores dos Anos 80.

IEEE

Instituto de Engenheiros Elétricos e Eletrônicos, maior organização técnica mundial, dedicada ao avanço da tecnologia em benefício da humanidade, com 420 mil membros em 160 países.

IEEE 802.1

Grupo de trabalho do IEEE responsável pela evolução e certificação dos padrões de redes locais.

ISO

International Standards Organization.

IoT

Internet of Things ou Internet das Coisas.

JIT

Just in Time é uma estratégia de inventário criada na Toyota nos Anos 60 que revolucionou a indústria. Aumentou a eficiência e reduziu o desperdício, com o recebimento de ativos no processo de produção somente quando eram necessários.

kaizen

Palavra única do idioma Japonês que significa "melhora contínua".

MRP

Material Requirements Planning (MRP) é um sistema que planejava as necessidades de material da produção nos Anos 60.

MRP II

Manufacturing Resource Planning (MRP II) é um método para planejar todos os recursos de uma planta de manufatura nos Anos 80.

OEM

Original Equipment Manufacturing são fabricantes que revendem produtos de outras empresas com seu nome e marca de fabricação própria.

OSI

Open Systems Interconnection, modelo em camadas dos Anos 70 para criação de protocolos utilizados em redes locais.

PLC

Programmable Logic Controller é um computador industrial robusto, utilizado em controle de processos industriais e de manufatura.

PM

Preventive Maintenance, ou Manutenção Preventiva utilizada nos Anos 70.

ppm

Medida que representa uma parte por milhão, ou seja, 1 ppm equivale a 0,0001%.

SKU

Stock Keeping Unit é código de identificação de um produto ou serviço usado para rastrear itens de um inventário.

SPC

Statistical Process Control ou Controle Estatístico de Processos.

Spin

É o número de vezes que um fenômeno ocorre em uma certa unidade de tempo. No caso do Ciclo do Processo, refere-se a ocorrências durante a Jornada de Trabalho.

TOC

Theory of Constraints, criada por Eli Goldratt nos Anos 80.

TPM	*Total Productive Maintenance*, evolução da Manutenção Produtiva, criada por Seiichi Nakajima nos Anos 70.
VAR	*Value Added Reseller*, um tipo de revendedor que adiciona a prestação de um serviço próprio aos produtos que revende, agindo como um integrador.

Bibliografia

- Henry Ford, **MY LIFE AND WORK**, 1922.

- W. Edwards Deming, **OUT OF THE CRISIS**, 1982.

- Seiichi Nakajima, **INTRODUCTION TO TPM**, 1988.

- Eliyahu M. Goldratt and Robert E. Fox, **THE RACE**, 1986.

- Eliyahu M. Goldratt, **THE HAYSTACK SYNDROME**, 1991.

JOSÉ MOTTA LOPES